Volker Knopf

Entdeckungsreisen
Elsass und Lothringen
Kulinarisches, Historisches, Kurioses

Volker Knopf

Entdeckungsreisen
Elsass und Lothringen

Kulinarisches, Historisches, Kurioses

G. BRAUN

Editorial

Ein Geständnis vorneweg – Frankreich ist erst relativ spät in meinen Fokus gerückt. Möglicherweise weil es für einen gebürtigen Karlsruher fast schon zu offensichtlich ist und bekanntermaßen vor der Haustür liegt. Sicher, mit der Familie ging es dann und wann über den Rhein in die Restaurants von Munchhausen oder Wissembourg, erste Radtouren im Teenageralter führten in den Großraum Strasbourg, gezeltet wurde gerne mal in Roeschwoog oder Fort Louis. Aber die eigentliche Liebe galt der britischen Insel und seinen keltischen Nachbarn. Mehr als ein Dutzend Mal zog es mich nach England, Schottland oder Irland. Frankreich, und hier speziell der Osten, wurde erst mit Anfang 30 reizvoll für mich: Elsass, Lothringen und die Vogesen – dann aber nachhaltig. Denn: das Nordelsass oder Lothringen haben deutlich mehr zu bieten als die gängigen Klischees von Vinum, Flammkuchen oder militärischen Relikten wie die Maginot-Linie oder die Nekropole von Verdun.

Ich möchte Sie in diesem Buch auf eine Reise jenseits des Mainstreams der beiden Landstriche mitnehmen. Dabei geht es weniger um Ausflugsziele, die ohnehin schon jeder kennt. Sondern um Begegnungen mit ungewöhnlichen Menschen, filigranen Kunsthandwerkern oder kulinarischen Virtuosen in insgesamt 50 Geschichten verpackt. Begleiten Sie einen Trüffelsucher in die dichten Wälder Lothringens, entdecken Sie die einstigen Höhlenbewohner von Dabo oder bestaunen Sie die Werke von Kunsttischlern, die edles Mobiliar für Könige und Scheichs kreieren. Schauen Sie einem der besten Chocolatiers im Elsass über die Schulter, probieren Sie köstliches Walnussöl, das noch nach alter Tradition in den Vogesen gepresst wird, steigen Sie hinab in die Silberminen von St. Marie-aux-Mines oder machen sie einen Rundgang durch das kürzlich eröffnete Lalique-Museum in Wingen-sur-Moder.

Es handelt sich bei dem Band um keinen klassischen Reiseführer, sondern um Tipps und Touren, wie man quasi um die Ecke kleine Abenteuer erleben kann und die Protagonisten in Portraits via Text sowie Bild vorab persönlich kennen lernt. Ob vom Saarland, der Pfalz, Baden oder dem Mittleren Neckarraum aus – bei einem Tagesausflug oder einem mehrstündigen Kurztrip zu den vorgestellten Destinationen lässt sich vieles erforschen, und das nicht nur mit einem geistigen, sondern zuweilen auch mit einem kulinarischen Mehrwert versehen. Infos zu Anfahrtswegen, Öffnungszeiten, Kontaktpersonen oder Eintrittspreisen der jeweiligen Entdeckungsreise stehen hinter dem jeweiligen Text. Anhand einer Karte finden Sie alle Orte und können so Ihre individuelle Tour zusammenstellen. In diesem Sinne: Nehmen Sie sich Zeit zum Schmökern und lassen Sie sich zur einen oder anderen Tour anregen. Es gibt etliches zu bestaunen im »unbekannten Nachbarland«: reizvolle Landschaften, kulinarische Raffinessen, spannende Menschen und natürlich auch gänzlich Unerwartetes. Man muss dafür nicht mal in die Ferne schweifen...

bon voyage
wünscht Volker Knopf

Der Autor

Volker Knopf, Jahrgang 1967, ist in Karlsruhe geboren und studierte Politikwissenschaft, Englische Literatur- und Medienwissenschaft in Frankfurt, Marburg und Nottingham. Anschließend folgte ein Volontariat beim Schwarzwälder Boten. Seitdem arbeitet er von der Fächerstadt aus als freier Journalist für zahlreiche Tageszeitungen wie die Rheinpfalz, die Rhein-Neckar-Zeitung, die Südwestpresse oder die Mittelbadische Presse – so oft wie möglich ist er in Frankreich unterwegs.

Inhalt

KURIOSES

KULINARISCHES

1   Das schwarze Gold des Elsass

*Im Nordelsass befindet sich einer der ältesten Erdöl-
fundorte Europas / Erste Erwähnung im Jahre 1498*

Wer an Erdöl denkt, dem fallen wohl zunächst einmal Saudis ein, die mit Petroldollars zu unermesslichem Reichtum gekommen sind. Allerdings: Schon weit früher wurde bereits in der alten Welt Erdöl gefördert. Einer der ältesten Fundorte des »schwarzen Goldes« in Europa liegt kurioserweise im Nordosten des Elsass, genauer in Merkwiller-Pechelbronn unweit von Haguenau. Bereits im Jahre 1498 wurden dort Erdölfunde das erste Mal dokumentarisch er- wähnt. Im Jahre 1740 wurde hier mit der »Pétrole d'Alsace« eine der ältesten Erdölgesellschaften überhaupt gegründet. Mitte des 18. Jahrhunderts begann dort die industrielle Förderung.

Ein kleines, aber feines Museum in Merkwiller-Pechelbronn erinnert nun an die Blütezeit des »schwarzen Goldes« in Frankreich. »Es ist doch so: Wenn man von Erdöl spricht, dann darf man Merkwil- ler-Pechelbronn nicht vergessen. Schon im Mittelalter wussten die Menschen etwas mit dieser wertvollen Substanz anzufangen«, weiß Pascale Roll, die kundig durch das liebevoll gestaltete Museum führt, zu berichten. Selbst zur Wundheilung wurde die schwarze Salbe einst benutzt, ehe Fördertürme in großer Zahl die dunkle Substanz aus dem Erdreich pumpten.

Symbol einer industriellen Epoche im Nordelsass: eine Förderpumpe, wie sie einst oft in der gesamten Region zu sehen war.

75 000 Tonnen wurden in den Ölfeldern der Region Jahr für Jahr gefördert. Um 1950 stellte die regionale Erdölfördergesellschaft noch einen der größten Arbeitge- ber des gesamten Départe- ments dar. Mitte der 50er Jahre des 20. Jahrhunderts begann schließlich der ste- tige Abstieg des einst so boomenden Industriezweigs im nördlichen Elsass – zeit- gleich mit der Erschließung der gigantischen Ressourcen in den arabischen Ländern. Das »elsässische Texas« hatte ausgespielt. Schon Jahrzehnte zuvor waren die wandernden Schmierölverkäufer,

die einst das Bild des Nordelsass prägten und von Dorf zu Dorf zogen, aus dem Landschaftsbild verschwunden, wie Pascale Rolle kenntnisreich erklärt. 1970 war schließlich endgültig Schluss mit der Förderung, die sich vornehmlich auf Paraffine und Motorenöle fokussiert hatte. Es lohnte sich einfach nicht mehr. Aber: Die Förderpumpen, die dem Landstrich einst einen veritablen Wohlstand verschafften, sind noch überall zu sehen rund um das kleine, verschlafene Örtchen – und natürlich auch direkt vor dem Museum

Museumsleiterin Pascale Roll erklärt die lange Historie des Erdöls in der Region.

an der rue de l'École. »Es ist doch faszinierend. Hier hat einmal alles angefangen – bei uns in der alten Welt. Das möchte ich einfach weitergeben. Schließlich ist hier Erdölgeschichte geschrieben worden«, betont die Museumsleiterin.

Zahlreiche liebevoll ausgestellte Exponate und Schautafeln klären über die einstige Bedeutung des Erdöls für die Region auf. Dem Rundgang durch die Ausstellungsräume mit Videovorführung (auf Deutsch) kann eine Besichtigung der Schachtanlage in der Grube Clemenceau sowie des Schlosses der Familie Le Bel, welche die Geschicke der Erdölindustrie maßgeblich beeinflusste, angeschlossen werden. Ob Fördertürme, Pumpen, alte Emailschilder mit Firmenlogos oder das historische Werkzeug der Arbeiter – im Erdölmuseum zu Merkwiller-Pechelbronn lebt die wechselvolle Geschichte des »schwarzen Goldes« im Elsass mitsamt seiner jahrhundertealten industriellen Epoche wieder neu auf. Kurioserweise wird heutzutage – da die Ressourcen allmählich in Sichtweite endlich werden – wieder Erdöl im Nordelsass, wenn auch nur in winzigen Mengen, gefördert. So sind wieder beispielsweise Bohrtürme in Niederlauterbach bei Lauterbourg zu sehen.

Merkwiller-Pechelbronn liegt unweit von Haguenau, zwischen Soultz-sous-Forêts und Wœrth, südlich von Wissembourg. Das Museum in der rue de l'École, gleich am Ortseingang, hat zwischen April und Ende Oktober jeweils donnerstags, sonn- und feiertags (14.30–18 Uhr) geöffnet. Tickets: Erwachsene 5 Euro, ermäßigt 4 Euro. Mehr Infos im Internet: www.musee-du-petrole.com, ☎ 0033/388809108. Die Museumsbetreiber sprechen Deutsch.

2 Mega-Badewanne für Freizeitkähne

*In Lothringen steht eines der ungewöhnlichsten Schiffs-
hebewerke Europas / Schrägaufzug ersetzt 17 Schleusen*

Michel Carabin lacht. »Na, das schaukelt jetzt wie ein Baby in der
Wanne«, sagt er, während er ein Ferienboot in dem 41 Meter langen
und 5,5 Meter breiten Trog hoch oben in den Vogesen festzurrt.
Der 55-Jährige ist Fährmann an der Schleuse von Saint-Louis/Arz-
viller im östlichsten Zipfel Lothringens. Und das ist nicht irgend-
eine Schleuse. Schließlich ist das Schiffshebewerk im Moselland, das
innerhalb von fünf Jahren errichtet wurde, ein architektonisches
Meisterwerk und eine touristische Attraktion zugleich.

Einen Höhenunterschied von rund 45 Metern überwindet der
Schrägaufzug und ersetzt sage und schreibe 17 Schleusen, die bis
1969, als der eigentümliche Aufzug errichtet wurde, ihren Dienst
über einer Strecke von vier Kilometern taten. Die mühsame Arbeit der Schiffer, die damals fast einen Tag benötigten, um die
Boote von den Vogesen in die Ebene abzusenken, ist nun in gerade
mal vier Minuten erledigt. Wenn die 950 Tonnen schweren Eisen-
arme die Schiffe in ihr Bassin einladen, überwindet das Hebewerk
eine Steigung von über 41 Prozent in Windeseile. Eine Höchst-

geschwindigkeit von 60 Zentimetern pro Sekunde kann der »Fahrstuhl für Schiffe« mühelos erreichen.

Ehe das Schiffshebewerk Ende der 60er Jahre seine Funktion aufnahm, leisteten zuvor 17 Schleusenwärter an den jeweiligen Toren ihren Dienst, die anschließend durch lediglich zwei Betriebsingenieure ersetzt wurden. Die Schleusentreppe von Arzviller, die von den Vogesen ins Zorntal führt, galt in der Vergangenheit als gefürchteter Engpass für die Schifffahrt. Seit rund 25 Jahren tut Michel Carabin nun bereits seinen Dienst in Saint-Louis/Arzviller – und das noch mit der gleichen Leidenschaft wie am ersten Tag. »Das muss man einfach im Blut haben. So was lässt einen nicht mehr los. Es ist zwar immer die gleiche Arbeit, aber doch jedes Mal irgendwie anders. Man hat ja auch immer mit unterschiedlichen Leuten zu tun. Die bekommen immer große Augen, wenn sie das Hebewerk sehen. Es ist ja auch schon sehr speziell. Ich kann mir eigentlich gar nichts anderes mehr vorstellen«, sagt der Lothringer gut gelaunt, der in jungen Jahren einst zur See gefahren ist. Zwischendurch ist er auch als Fremdenführer im Sarrebourger Land tätig. Dann, wenn das Schiffshebewerk zwischen Anfang November und Ende März stillsteht. Seinem ungewöhnlichen Schrägaufzug im Sandsteingebirge der Nordvogesen, der einen schon von Weitem staunen lässt, gehört jedoch seine ganze Aufmerksamkeit.

Über 10 000 Hausboote passieren pro Jahr die gigantische Schleuse und machen den 1853 eröffneten Rhein-Marne-Kanal damit zu einer der meistbesuchten Flusslandschaften Frankreichs. Carabin kann sich auch noch gut daran erinnern, als pro Tag noch rund 30 bis 40 Frachtschiffe und Lastkähne das Schiffshebewerk in Anspruch nahmen. Heute passieren lediglich zwei bis drei Schiffe größeren Kalibers die Schleuse. Schon lange dominieren die Freizeitkapitäne, die zumeist aus Deutschland, Belgien oder Frankreich stammen, mit ihren Hausbooten die Szenerie. Hinzu kommen viele tausend Touristen jährlich, die das ungewöhnliche, architektonische Meisterwerk aus der Nähe betrachten wollen. Meist geht es dann

Eine ungewöhnliche Konstruktion: das Schiffshebewerk von Saint-Louis/Arzviller.

auch mit dem Ausflugsboot des Hebewerks gegen Gebühr einmal hoch und runter, um das maritime Gefühl in der Mega-Badewanne, die von 950 Tonnen schweren Gewichten gehalten wird, selbst auszukosten.

Die Schleuse von Saint-Louis / Arzviller passieren pro Jahr über 10 000 Freizeitboote.

Mit gerade mal zwei Elektromotoren und Leistungen von je 130 PS lässt sich der Trog, in dem die Schiffe nach oben und nach unten gelassen werden, betreiben. Der mit Wasser gefüllte Aufzug selbst wird mit einer elektrisch angetriebenen Winde auf einer schiefen Rampe mit einem Gefälle von 41 Prozent senkrecht zu seiner größten Ausdehnung bewegt. Da die Schiffe in dem Trog so viel Wasser verdrängen wie sie wiegen, besteht immer ein Gleichgewicht. Die schiefe Rampe verbindet den bergseitigen Kanal, der aus Richtung Nancy kommt, mit dem talseitigen Kanal, der weiter in Richtung Strasbourg führt. Neben Saint-Louis / Arzviller existieren ähnliche Konstruktionen europaweit lediglich in Krasnojarsk (Russland) und im belgischen Charleroi. Und wenn es nach Michel Carabin ginge, würde er noch weitere 20 Jahre dafür sorgen, dass die Kähne – gut vertäut, versteht sich – den 45 Meter großen Höhenunterschied im Rhein-Marne-Kanal unweit des elsässischen Städtchens Saverne auf sich nehmen.

Das Schiffshebewerk in Saint-Louis / Arzviller liegt zwischen Sarrebourg und Saverne. Geöffnet ist der Schrägaufzug vom 2. Mai bis 19. Oktober (täglich in Betrieb, auch an Sonn- und Feiertagen, montags geschlossen). Öffnungszeiten: 10–11.45 Uhr und 13.30–16.45 Uhr. Vor Ort besteht die Möglichkeit zur Teilnahme an einer 30-minütigen Führung. Auch Schiffsrundfahrten und Fahrten mit dem Schrägaufzug werden angeboten. Nähere Informationen – auch auf Deutsch – erhält man auf der offiziellen Website des Betreibers unter www.plan-incline.com.

3 Der Weihnachtsbaum stammt aus Sélestat

Im Elsass wurde die geschmückte Tanne erstmals 1521 urkundlich erwähnt / Dokument der Humanistischen Bibliothek

Ohne Zweifel, das Elsass ist so etwas wie das Weihnachtswohlfühlland für den Besucher, der Tradition und Romantik schätzt. Festlich dekorierte Städte und Dörfer, illuminierte Fachwerkhäuser, stattliche Tannen auf den Marktplätzen und dazu Köstlichkeiten wie Anisbreddle, Lebkuchen, »vin rouge« und gebrannte Mandeln. Nirgendwo in Frankreich wird »Noël« so zelebriert wie im Osten der Republik.

Das Elsass steht für weihnachtliche Bräuche und Traditionen par excellence. Und das nicht ohne Grund. In Sélestat beispielsweise rühmt man sich nämlich eines ganz besonderen Dokuments. Hier in der Humanistischen Bibliothek wurde der Weihnachtsbaum erstmalig überhaupt urkundlich erwähnt. Archivarin Justine Fuhrer deutet stolz auf die Vitrine. »Voilà, das ist das älteste Schriftstück, in dem die Rede vom Weihnachtsbaum ist. Es ist ein Rechnungsbuch, in dem geschrieben steht, dass die Leute auf die ›Meyen‹ im Gemeindewald aufpassen müssen und datiert vom 21. Dezember

Archivarin Justine Fuhrer präsentiert die erste urkundliche Nennung des Weihnachtsbaums von 1521.

1521. Das ist weltweit der erste Eintrag in Sachen Weihnachtsbaum. Das ist genauestens belegt.«

Im Altdeutschen bedeute »Meyen« im Übrigen Festbaum, der aus Ehrfurcht vor der erneuernden Natur jedes Jahr geschmückt wurde. »Es handelt sich um einen Heidenbrauch, der später christianisiert wurde. Zu Anfang des 16. Jahrhunderts wurden die heidnischen Zweige durch junge Tannenbäume ausgetauscht. Im 17. Jahrhundert wurden die Bäume mit Oblaten, Nüssen und Äpfeln geschmückt. Nach einer Dürre wurden die Früchte durch Weihnachtskugeln, wie wir sie heute kennen, ersetzt. So begann schließlich der Brauch, der bis heute als Wahrzeichen von Frieden und Nächsten-

Auf weihnachtliche Atmosphäre legt man im ganzen Elsass viel Wert und illuminiert die alten Fachwerkhäuser entsprechend.

liebe steht«, weiß die Bibliotheksfrau, die ursprünglich aus Colmar stammt.

Rund 22 000 Besucher pro Jahr schauen sich das historische Dokument in dem schmucken Städtchen im Süden des Elsass an. »Für den Tourismus ist der Weihnachtsbrauch und diese erste urkundliche Erwähnung natürlich sehr wichtig. Wir sind da – ob mit oder ohne touristische Vermarktung – sehr stolz drauf«, erklärt Justine Fuhrer über das Dokument, das um 1900 in den Archiven der berühmten Humanistischen Bibliothek, die ab 1441 als Lateinschule begann und eine der ältesten öffentlichen Bibliotheken Frankreichs ist, gefunden wurde. Die erste Generation humanistischer Gelehrter am Oberrhein zu Beginn des frühen 16. Jahrhunderts ging im Übrigen aus der Einrichtung in Sélestat hervor. Eng verknüpft ist die Historie der Bibliothek, der ältesten im Elsass, mit Beatus Rhenanus (1485–1547), einem Freund von Erasmus von Rotterdam. Der bekannte Humanist vermachte Sélestat kurz vor seinem Tod seine gesamte Bibliothek.

Sélestat liegt nördlich von Colmar. Die Humanistische Bibliothek ist mitten im Zentrum des beschaulichen Touristenörtchens (Bibliothèque Humaniste de Sélestat, rue de la Bibliothèque). Öffnungszeiten: Montag, Mittwoch bis Freitag 9–12 Uhr und 14–18 Uhr, Samstag 9–12 Uhr. ☎ 00 33 / 3 88 58 07 20, www.bibliotheque-humaniste.eu

4   Im Bücherdorf scheint die Zeit stehen zu bleiben

Für Bibliophile ist Fontenoy-la-Joûte ein Quell der Inspiration / Über eine Million Bücher in historischem Gemäuer

Schon von der Route nationale ist es zu sehen, das Schild mit dem Bücheremblem, das auf Fontenoy-la-Joûte hinweist als »Village du livre« – ein Bücherdorf. Gegründet wurde es auf Initiative von Pater Serge Bonnet, der nach dem Vorbild des Buchdorfes Redu in den belgischen Ardennen etwas Ähnliches in Lothringen ins Leben rufen wollte. Mehr als 15 Jahre ist das mittlerweile her und Fontenoy-la-Joûte hat sich zu einem Zentrum entwickelt, in dem der Schrift auf gedrucktem Papier ein echtes Denkmal gesetzt wurde. 16 Buchhändler mit ihren Antiquariaten, eine Buchbinderwerkstatt, eine Druckerei, ein Kalligraph sowie ein Papierhersteller, der handgeschöpftes Papier mit einer alten Presse bedruckt, haben hier ihr Domizil gefunden. In den alten Scheunen des Dorfes, das zwischen Nancy und Saint-Dié-des-Vosges liegt, sollen sich weit über eine Million Bücher befinden, die den Besuchern feilgeboten werden. Rund 90 000 Menschen finden sich jeweils in den Sommermonaten in dem Dorf aus dem 12. Jahrhundert ein, um im Literatur-Café, auf einer Messe für handgeschöpftes Papier oder bei Kalligraphie-Workshops der Buchkunst zu frönen. Dann verwandelt sich die Gemeinde im Osten Frankreichs in einen einzigen, riesigen Bücherflohmarkt. Um dort anzukommen, fährt der Bücherfreund zunächst

Wie eine Zeitreise: in dem Lothringer Dorf hat sich über die Jahre nicht viel verändert.

Hat so manchen Schatz in seinem riesigen Archiv: Buchhändler Dominique Wagner.

durch Landstriche mit weiten Feldern und unverstelltem Blick auf hügelige Landschaften. Fast mutet es wie eine Zeitreise an, wenn man das verwunschen wirkende 300-Seelen-Dorf am Fuße der Vogesen betritt und die Einwohner in ihren historischen Gemäuern antrifft: skurrile Figuren, die der Literatur treu ergeben sind. So wie Dominique Wagner. Der 62-Jährige aus Nancy kam gleich zu Beginn, als das Bücherdorf gegründet wurde und richtete sich hier als Buchhändler ein. Wie viele Werke er denn in seinem Antiquariat hat? Das kann der Lothringer nur schätzen, während man ihm durch Räume und Gänge folgt und dort überall Bücher, Bücher und noch mal Bücher sieht. »Ich schätze, es sind schon deutlich über 100 000. Alle habe ich noch nicht in meinem Computer erfasst«, meint der kauzig wirkende Händler. Zwischen Werken von Saint-Exupéry, Victor Hugo, Jules Verne, Voltaire und Heinrich Heine hat er sich eingerichtet. Stolz zeigt er auf seine deutsche Abteilung, seine englische Abteilung oder auf sein riesiges Comicarchiv. Ein eigener Raum ist allein der Lothringer Geschichte und den beiden Weltkriegen gewidmet sowie dem deutsch-französischen Krieg von 1870/1871 zwischen den damaligen Erbfeinden. Was am meisten verkauft wird? »Ganz unterschiedlich. Historie geht immer, gerade die hier sehr reiche Geschichte der Region interessiert die Besucher. Aber natürlich auch Krimis, wie beispielsweise die von Georges Simenon«, sagt Wagner und deutet auf ein ganzes Regal mit Geschichten des bekannten französischsprachigen Krimiautors aus Belgien. Viele Sammler würden regelmäßig in das »village du livre«, an dem der Zahn der Zeit deutlich nagt, kommen, weiß der Mann, der einst viele Jahre für ein Presseunternehmen in Paris gearbeitet hat und schon als Kind vom Schmökern nicht genug bekommen konnte. Und jetzt in den Wintermonaten, wenn er die Kundschaft an einer Hand abzählen kann, archiviert der Buchhändler seine bibliophilen Schätze und restauriert angeschlagene Werke. Die Arbeit dürfte ihm dabei mit Sicherheit nicht allzu rasch ausgehen. Als Sekretär der Vereinigung des Buchdorfes unweit der Kristallstadt Baccarat fungiert Bruno Klotz. Der 47-Jährige, der optisch irgendwo zwischen Wikinger und orthodoxem Geistlichen angesiedelt ist, wohnt gerade zwei Häuser weiter von Dominique Wagner entfernt. In seinem sehr alten, zugigen Haus mit Scheune, das naturgemäß ebenfalls an Büchern keine Armut aufweist, arbeitet der gebürtige Straßburger an der Kunst der Schönschrift, der Kalligraphie. Routiniert bringt er Lettern in antiken Typographien wie gedruckt zu Papier. An der Universität von Tours hat er seine Kunst gelernt und setzt sie nun für Kunden unter anderem in Genealogien (Stammbäumen), in Menükarten für Restaurants oder in Workshops für Interessierte um. Wie er zu der ungewöhnlichen Profession gekommen sei? »Ich liebe einfach Bücher und die Kunst, die damit zusammenhängt. Bücher haben etwas Sinnliches, Spirituelles und sie vermitteln Wissen. Die Schrift transportiert dies«, sagt der bärtige Mann mit tiefer Stimme. Ob eindrucksvolle Schriften in der Art des Jugendstils oder in der Gotik des 14. Jahrhunderts – kein Problem für Bruno Klotz. Als Sekretär der Vereinigung der lokalen Buchhändler weiß er naturgemäß auch, woher die vielen Besucher kommen, die regelmäßig von Anfang April bis Ende September Fontenoy-la-Joûte bevölkern. »Sehr viele kommen aus der Region, direkt aus Lothringen. Neben dem übrigen Frankreich kommen auch viele Bücherfreunde aus Belgien, Luxemburg, der Schweiz oder Deutschland. Aus der Nachbarschaft eben«, erklärt der Kalligraph. Und eines ist ziemlich gewiss: auch im folgenden Sommer werden wieder etliche Bibliophile die Landstraßen des Départements Meurthe-et-Moselle durch bezaubernde Landschaften befahren, um seltene Schätze oder Gebrauchsliteratur in dem lothringischen Bauerndorf zu erwerben.

Bruno Klotz hat sich als Kalligraph der Schönschrift verschrieben.

Fontenoy-la-Joûte liegt südöstlich von Nancy, zwischen Lunéville und Baccarat, unweit der Route nationale 59. Von April bis Ende September haben die Händler des Bücherdorfes jeden Tag geöffnet, in der dunklen Jahreszeit nur am Wochenende sowie an Sonn- und Feiertagen. Infos im Internet: www.fontenoy-la-Joûte.com (village du livre).

5 Die Metzer Kathedrale und ihr Gespenst

Gotisches Meisterwerk mit 6500 Quadratmetern Bunt-glasfenstern / Lothringer macht sich für Restaurierung stark

Eines ist offensichtlich: Wenn Philippe Hiegel die Kathedrale von Metz betritt, dann spürt man die Begeisterung, die in ihm aufkommt, wenn er das gotische Meisterwerk, dessen Bau im 13. Jahrhundert begann, durchschreitet. »Schauen Sie, das 42 Meter hohe Kirchenschiff zählt zu den höchsten im gotischen Kirchenbau überhaupt und die Kapelle der Templer ist einzigartig in ganz Lothringen«, betont der Angestellte der Diözese von Metz. Und nicht nur das: rund 6500 Quadratmeter Buntglasfenster zieren den imposanten Bau, der im Laufe der Jahrhunderte zum Wahrzeichen der lothringischen Kapitale wurde. Und ein Name fällt dann freilich immer wieder: Marc Chagall. Der weltbekannte Künstler war einer der Schöpfer, der die bizarren, lichtdurchfluteten Glaskunstwerke in den 60er Jahren des vergangenen Jahrhunderts schuf. Die »Schöpfung der Menschheit« und die Kreuzigung thematisierte der Maler-Poet mit seiner Kunst. »Seine modernen Fenster sind ganz behutsam und harmonisch mit den historischen Buntglasfenstern verbunden worden«, sagt Hiegel, der sich seit rund 35 Jahren als Kurator der Dombauhütte für die Kathedrale Saint-Etienne stark macht. Freilich fällt dem gebürtigen Lothringer dazu auch manche Anekdote ein. Beispielsweise die vom Dombaumeister Pierre Perrat aus dem 14. Jahrhundert, der sich zeitweise von seiner Aufgabe an der riesigen Kathedrale überfordert fühlte. So viel Glas und so wenig Steine, dachte er sich und drohte zu verzweifeln. Was also tun? Kurzerhand ging der Steinmetz – in einer Kathedrale nicht unbedingt üblich – der Legende nach einen Pakt mit dem Teufel ein. Als der Beelzebub jedoch immer dreister in seinen Forderungen wurde, übertölpelte der gewiefte Baumeister ihn und konnte so seine Seele retten. Er tat nämlich Folgendes: Nachdem er seiner Seele mittels Beichte beim Bischof doch noch Luft gemacht hatte, versprach dieser dem Baumeister, seinen Leichnam nach seinem Tod in der Kathedrale einzumauern, statt ihn auf dem Friedhof zu beerdigen. Denn so habe der Teufel keine Möglichkeit, seine tote Seele zu erhaschen. Perrat willigte erleichtert ein und sein Seelenheil war schließlich gerettet. Allerdings, wenn es um den Dom besonders zugig ist, vermuten die Metzer, dass der Teufel doch noch verzweifelt versucht, seinen Lohn zu erhalten. Da die Kathedrale Saint-Etienne, was ihre Höhe und Größe betrifft, in Frankreich bereits an dritter Stelle steht, grämt es

Die gotische Kathedrale St. Etienne von Metz zählt zu den höchsten in ganz Frankreich.

Hiegel umso mehr, dass die staatlichen Gelder für die Restauration immer den nötigen Investitionen hinterherhinken. Das hat natürlich einen Grund. »Ende des 19. Jahrhunderts erstellte man in Frankreich eine Liste mit allen wichtigen historischen Bauwerken, einschließlich der Kirchen, um sie entsprechend monetär fördern zu können. Aber Metz hat man schlicht und ergreifend vergessen«, betont Hiegel. »Allerdings«, so fügt der 54-Jährige hinzu, »vergessen ist wohl nicht ganz der richtige Ausdruck. In diesen Jahren zählte Metz eben zum Deutschen Reich und wurde daher nicht in die Liste aufgenommen.

21

Illuminiert:
die Kathedrale
St. Etienne.

Die Folgen spüren wir heute noch.« Während die andere große Stadt Lothringens – Nancy – nie vom Deutschen Reich einverleibt wurde, wurde Metz bekanntlich nach dem deutsch-französischen Krieg von 1870/71 Teil des Deutschen Reichs und blieb es bis 1918, ehe es danach – mit Ausnahme der erneuten Okkupation 1940 bis 1944 – wieder zum gallischen Nachbarn wechselte. Dennoch will Hiegel nicht klagen. Immerhin wendet der Staat, dem in Frankreich die Kirchen weitgehend gehören, fast eine Million Euro jährlich auf, um den Lothringer Dom zu sanieren. Und: »Die Menschen hier tun enorm viel für den Erhalt der Kathedrale. So wollen wir mit Spendengeldern einen neuen Altar bauen und ein Jahr später dann die Krypta restaurieren.« Seit über 40 Jahren wird jedes Buntglasfenster, jede Skulptur in akribischer Einzelarbeit restauriert, zudem die beeindruckende, gelbfarbene Außenhülle aus Jaumont-Sandstein aufwendig gereinigt. Eines ist in jedem Fall sicher: dass die Arbeit an dem imposanten Kalksteingebäude nie ausgeht. Dass sie auch seine Zeit überdauern wird, ist Philippe Hiegel durchaus bewusst, aber dafür liebt er seine Kathedrale im Zentrum der früheren Karolingerstadt, die für viel mehr als nur Quiche Lorraine und Mirabellenschnaps bekannt ist, viel zu sehr, als sich darüber Gedanken zu machen.

Infos über die Kathedrale Saint-Etienne (Dt. Stephansdom) und das reichhaltige historische Architekturerbe der über 3000 Jahre alten Stadt Metz erhält man beim Office de Tourisme, ☎ 0033/387 55 53 76 oder per Mail: tourisme@ot.mairie-metz.fr. Infos über Lothringen im Internet: www.crt-lorraine.fr. Dort wie im Office du Tourisme in Metz auch in deutscher Sprache.

6   Der Eiskünstler aus La Bresse

Christian Claudel kreiert Skulpturen aus Eis und Schnee /
Faible für die polare Art

Mitten im beliebten Touristenstädtchen La Bresse hat Christian Claudel sein Atelier. In dem Ort, in dem sich in den Wintermonaten zahlreiche Skitouristen tummeln – bis Ende März hat es in den Höhenlagen Schnee –, wirkt der 62-Jährige als Eisbildhauer. Das Eis produziert er selbst und kühlt es in einem Nebenraum bei minus zehn Grad. Anfang 2012 veranstaltete er erstmalig ein Festival mit Skulpturen von Künstlern aus Frankreich und Italien. »Das war eine tolle Erfahrung. Ich denke, auch die Bürger von La Bresse hatten ihre Freude an den Figuren aus Eis und Schnee.« Bei Nacht wurden die polaren Kunstwerke an öffentlichen Plätzen des Vogesenortes illuminiert. Auf die Idee, sich ganz dieser Kunstform zu widmen, kam der Lothringer vor etwas mehr als zehn Jahren. Seitdem war er auf der ganzen Welt als »Eiskünstler« aktiv – naturgemäß vorwiegend in nordischen Ländern. Ob in Anchorage in Alaska, in Rovaniemi in Finnland, Lillehammer in Norwegen, Calgary in Kanada, Nagano in Japan oder Luleå in Schweden – in all diesen Orten erarbeitete er aus einem Block Eis filigrane Werke. Meist figürlich, manchmal abstrakt. Selbst am magnetischen Nordpol hat Christian Claudel seine Spuren hinterlassen. Für eine große französische Firma schnitt er deren Logo ins ewige Eis, was Teil einer Marketingkampagne war. Selbst in China verewigte sich der Künstler mit »gefrorenen Werken«. Mittlerweile ist er gar Ehrenbürger der kanadischen Stadt Fairbanks, die ihn für seine Ice Art auszeichnete. »Ich schätze einfach die Klarheit und die Transparenz von Eis. Es ist hochinteressant und unglaublich intensiv. Die Prismen, die Brechung des Lichts und das Kristalline.

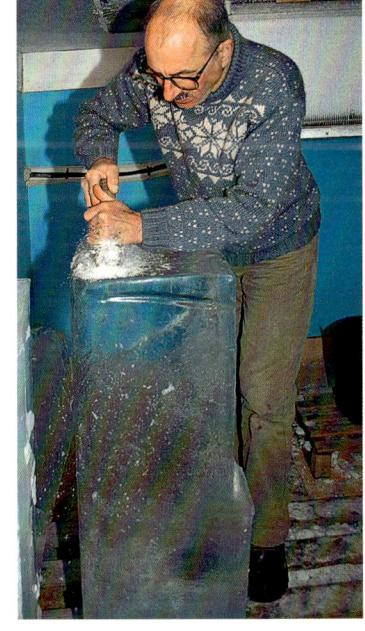

Der Eiskünstler Christian Claudel aus La Bresse beim Bearbeiten eines Eisblocks.

Skulptur vom Eis- und Schneefestival in La Bresse.

Das findet man so bei keinem anderen Material. Ich werde inspiriert von der Natur und will dazu aufrufen, sie zu bewahren. Es ist eine ökologische Kunstform, wenn man so will«, meint der weit gereiste Franzose, der betont, dass es wichtig für ihn gewesen sei, seine Heimat zu verlassen, um letztlich dort wieder anzukommen. »So etwas weitet den Blick. Die Arbeit mit anderen Künstlern an weit entfernten Orten ist gut für die Seele. Das war zum Teil recht abenteuerlich in zuweilen arktischen Regionen, aber immer eine sehr gute Erfahrung. Und ich habe immer wieder tolle Leute kennen gelernt.« Speziell vor den Olympischen Winterspielen organisieren die ausrichtenden Länder schon seit vielen Jahren regelmäßig Kunstfestivals zum Thema Schnee und Eis. Christian Claudel beteiligte sich immer wieder daran mit seinen kristallklaren Skulpturen. Auch für politisch motivierte Aktionen ist der Anhänger der anthroposophischen Lehre Rudolf Steiners zu haben. So stellte er kurz vor dem Kopenhagener Klimagipfel 2009 eine Eis-Skulptur im Atrium des Straßburger EU-Parlaments aus – naturgemäß nur von temporärer Dauer. Ursprünglich kommt der Mann aus der Nähe von Gérardmer von der Arbeit mit Holz. In Liffol-le-Grand machte er eine Ausbildung zum Holzbildhauer, erschloss sich nach und nach andere Materialien wie Stein und Metall, ehe er schließlich beim Eis »hängen blieb«. Was angenehm für ihn ist: »Natürlich ist es auch eine physische Arbeit. Aber Eis ist körperlich nicht ganz so schwer zu bearbeiten wie Holz. Ich benutze bei beiden Materialien die gleichen Werkzeuge. Das Eis ist jedoch wesentlich geschmeidiger zu formen. Natürlich muss man auch dort sehr vorsichtig zu Werke gehen und wissen, was man tut. Ich habe zu Beginn eine ziemlich klare Vorstellung von dem, was am Ende entsteht.« Aufgrund seines Schaffens über etliche Jahrzehnte hat Claudel selbstredend auch eine lange Vita mit Kunstwerken aus Holz. Sie stehen an öffentlichen Plätzen in Épinal, Belfort und den italienischen Dolomiten. Generell liebt der Lothringer die Metamorphose – egal mit welchem Material er gerade arbeitet. Speziell beim Eis sei auch das Abtauen und spätere Schmelzen Teil des Prozesses. In seinem Atelier finden sich zahlreiche Holzskulpturen in unterschiedlichen Schaffensstadien. Gerade hat er das Portrait einer Kommunalpolitikerin aus Nancy beendet. Die Familie gab ihm nach dem Tod der Frau den Auftrag, ihr Antlitz in künstlerischer Form zu bewahren.

Filigran mit Stechbeitel und Bürste.

Neben seinem Eisfestival veranstaltet der 62-Jährige schon seit mehr als 20 Jahren ein Skulpturenfestival mit geschnitzter Holzkunst und Steinmetzarbeiten. Er schätzt generell Naturmaterialien, wenngleich er sich in den vergangenen Jahren eben mehr auf die Eiskunst fokussiert hat. Mittlerweile hat der »Schneearchitekt« festgestellt, dass »arktische Kunst« regelrecht in Mode sei. Regelmäßig gibt er Workshops und lehrt, wie man mittels Stechbeitel und Drahtbürste einen Block filigran bearbeitet. »Ich bewege mich gerne in der polaren Welt. Anderen geht es offensichtlich auch so. Es ist das Ursprüngliche, das die Menschen anzieht.« Mittlerweile sind die Aktivitäten des Künstlers zu einem echten Tourismusfaktor für das kleine Städtchen in den Vogesen geworden. An den Festivals partizipieren auch Hotels, die Kommune oder der Conseil Général de Vosges. »La Bresse und die Region bestehen ja nicht nur aus Skitouristen und Wanderern. Auch die Kunst soll hier ihren Platz haben«, sagt der polyglotte Künstler, der seine Ideen prompt in die Tat umsetzt und sich auch von Widerständen nicht schrecken lässt. »Mir bleibt ja gar nichts anderes übrig. Die Kunst hat mich gesucht – nicht umgekehrt. Ich kann also gar nicht anders«, meint er schmunzelnd.

Der Vogesenort La Bresse liegt zwischen Épinal und Colmar. Kontakt: Office de Tourisme La Bresse (2a, rue des Proyes, Tel: 00 33 / 329 25 41 29). Christian Claudel, 84, rue du Hohneck. Das Atelier des Künstlers liegt am Ortseingang von La Bresse.

7 »Süße Bomben« aus Verdun

Festungsstadt ist bekannt für weltweit beliebte Konfekt-spezialität

Verdun ist bekannt als die Festungsstadt Frankreichs. Mehr als eine Viertelmillion französische und deutsche Soldaten ließen hier zwischen Februar und Dezember 1916 ihr Leben. Heute trägt die lothringische Stadt den Titel »Welthauptstadt des Friedens«. Mit verschiedenen Feierlichkeiten gedenkt Verdun Jahr für Jahr der blutigen Schlachten des Ersten Weltkrieges, die auch heute noch im Stadtbild durch zahlreiche Monumente und Denkmäler präsent sind. Die 84 000-Einwohner-Stadt in der Region Meuse steht aber auch für ein ganz anderes, ein süßes Kapitel der Geschichte. In Verdun werden seit 1220 die berühmten Dragées aus Mandeln und Honig

Ein skurriles Sammelsurium: außen martialisch, innen schokoladig.

hergestellt, die sich weltweit größter Beliebtheit erfreuen. »Wir verschicken unsere Spezialitäten beispielsweise nach Großbritannien, in die Schweiz, Ungarn, Schweden, Japan und in die Arabischen Emirate«, betont Patrick Heusele, Chef von Braquier, der ältesten und renommiertesten Bonbonfabrik der Stadt. Über 100 Tonnen der Süßigkeiten produzieren die Bonboniers pro Jahr. In Frankreich werden die Köstlichkeiten aus Zuckermandel und Staubzucker vor allem zu Hochzeiten, zur Kommunion oder zu Taufen als Glücksbringer gereicht. Denn die weißen Dragées galten schon im Mittelalter als Mittel gegen Kinderlosigkeit. Dem Zuckermantel des Bonbons schrieb man heilende Wirkung zu. Entwickelt hatte das Konfekt zu Beginn des 13. Jahrhunderts ein Apotheker aus Verdun, der ursprünglich Kekse backen wollte. Heraus kamen schließlich die Süßigkeiten mit dem weißen Zuckermantel, die auch zum Lieblingskonfekt beispielsweise von Napoleon oder Charles de Gaulle zählten, heißt es. Die Geschichte der Firma Braquier, »Dragées de Verdun«, der größten Bonbonfabrik der Festungsstadt, geht bis auf das Jahr 1783 zurück. Bereits im Jahre 1660 wies Ludwig XIV. im Übrigen darauf hin, dass »in Verdun sehr viel Handel mit Dragées getrieben wird«. Das Erfolgsrezept der Dragées will Patrick Heusele zwar als süßes Geheimnis für sich bewahren, einige kleine Einblicke gibt er dennoch. »Das ist eine Rezeptur, die von Generation zu Generation weitergegeben wird. Nur so viel kann ich verraten: Wir benutzen nur Mandeln allerfeinster Qualität, die aus Sizilien oder Spanien stammen und streng selektiert werden. Die Schicht aus Honig gibt dem Konfekt den letzten Schliff.« Besonders erlesen seien Mandeln aus dem sizilianischen Dorf Avola, die vorwiegend in den Dragées Verwendung finden. So hat eine Mitarbeiterin als einzige Aufgabe, täglich etliche Tonnen Mandeln per Hand auszusortieren. Jede Steinfrucht wird dabei einzeln begutachtet und selektiert. Bei rund sechs Grad werden die Mandeln gelagert, um so ungeliebte Gäste wie Milben fernzuhalten. Ehe die Mandeln nun weiterverarbeitet werden, kommen sie in einen auf etwa 68 Grad beheizten Raum, um so in Ruhe zu trocknen. Anschließend werden sie mit Gummiarabikum, dem Pflanzensaft von Akazien, verkleidet, um zu verhindern, dass Öl austritt. In einem separaten Raum, in dem Dutzende wie an einer Perlenschnur aufgereihte Kupfertrommeln gemächlich vor sich hinschleudern, wird schließlich allmählich Sirup hinzugegeben. Besonders skurril ist die Verpackung der süßen Kalorienspender aus Lothringen. Wer will, kann die Dragées nämlich in Form einer Bombe mit nach Hause nehmen. In allen möglichen,

Patrick Heusele, Chef von Braquier, Dragées de Verdun, präsentiert die Süßigkeiten in »Bomben« verpackt.

Ständige Qualitätskontrolle hat bei der Produktion der Mandeldragées oberste Priorität.

monströsen Kalibern sind die Konfekte zu haben. Die Verbindung zu den Schlachten um Verdun und dem Ersten Weltkrieg ist natürlich schnell geknüpft und lässt Naschkatzen abrupt erschaudern. Aber da winkt Patrick Heusele schnell ab. Von Stilbruch will der traditionsbewusste Firmenchef nämlich nichts wissen. »Die Dragées in Bombenform gab es schon weit vor dem Ersten Weltkrieg in Verdun. Das hat damit letztlich nichts zu tun. Diese Form der Verpackung existiert bereits seit Ende des 18. Jahrhunderts. Verdun ist nun mal eine alte Garnisonsstadt und da hat man sich für die Soldaten als Marketinggag eben schon sehr früh so etwas ausgedacht. Das hat eine ganz lange Tradition, weit vor 1914. Es findet zwar nicht jeder unbedingt geschmackvoll, aber auch diese Art von Präsenten kommt bei der Kundschaft sehr gut an«, sagt der gebürtige Nordfranzose. Rund 1500 Schokoladenhülsen werden pro Jahr exportiert, insbesondere nach England. Heutzutage arbeiten rund 60 Mitarbeiter bei Braquier, um die beliebten Bonbons in aller Herren Länder zu verschicken. In Deutschland sind die »Dragées aus Verdun« im Übrigen kaum verbreitet. Eine wirkliche Erklärung hat der Firmenchef dafür auch nicht. »Vermutlich ist die Tradition von Süßwaren in Deutschland nicht so stark ausgeprägt wie bei uns. Man kann schlecht sagen, woran das liegt«, meint er schulterzuckend. Dem Geschäft mit den »süßen Bomben« aus dem Osten Frankreichs, die – in Massen konsumiert – so manchen Zahn vor eine echte Herausforderung stellen, tut dies jedoch keinen Abbruch.

Die Dragées von Braquier gibt es in 50, rue du Fort de Vaux, Verdun, zu den üblichen Ladenöffnungszeiten. Die frühere Garnissonsstadt liegt westlich von Metz an der A4. Mehr Infos im Internet: www.dragees-braquier.com.

Das Wunder von Meisenthal

Die Heimat der Weihnachtskugel liegt in den Nordvogesen / Hier werden die letzten mundgeblasenen Weihnachtskugeln hergestellt

Ein wenig heiß ist es schon, als Louis das blendende Material aus dem Ofen holt. Zwischen 1150 und 1560 Grad müssen es schon sein, ehe die Glasbläser zu Werke gehen können und aus dem golden schimmernden Oval die perfekte Weihnachtskugel kreieren. Das hat Tradition in Meisenthal in den Nordvogesen. Bereits seit 1858 werden hier mundgeblasene Weihnachtskugeln erstellt, die vom Osten Frankreichs ausgehend Erfolge in der ganzen Welt gefeiert haben. Natürlich liegt dem wie so vielem eine Legende zu Grunde. Lucien Fleck, Gründer des Glasmuseums Meisenthal, kennt sie freilich nur zu gut: »Mitte des 19. Jahrhunderts hat eine furchtbare Trockenheit dafür gesorgt, dass die Nordvogesen so gut wie kein Obst bekamen, was ja ursprünglich der traditionelle Schmuck für die Weihnachtsbäume war. Dann kamen die Glasbläser der Glashütte im benachbarten Goetzenbruck allerdings auf eine geniale Idee. Sie begannen einfach Weihnachtskugeln aus optischem, hochwertigem Glas zu produzieren. Und schon war die Weihnachtskugel aus Meisenthal geboren.« Das Städtchen wurde anschließend in Frankreich zum Synonym für Weihnachtsbaumschmuck aus Kristall und Glas, der nicht nur Kinderherzen höherschlagen lässt. Allerdings hatte auch diese Geschichte vorläufig kein Happy End. Rund ein Jahrhundert später, im Jahre 1964, musste die Produktion eingestellt werden. Billigere, industriell hergestellte Weihnachtskugeln eroberten zuneh-

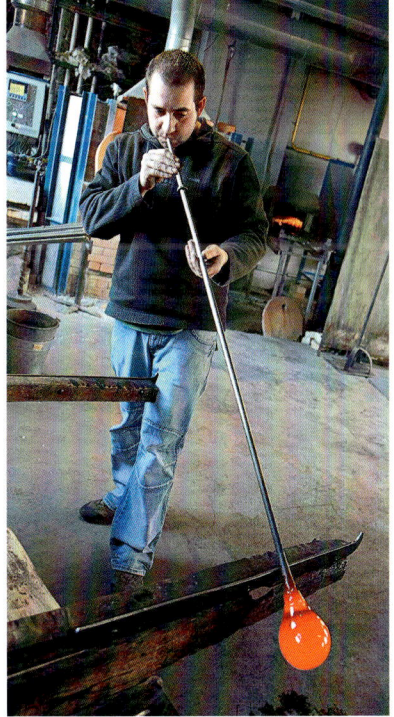

Hochkonzentriert:
die Glasbläser bei der Arbeit.

Bei der Produktion der Weihnachtskugeln greift eine Hand in die andere.

mend den Markt. Die kleine Glashütte im französischen Moselland, einen Steinwurf vom Elsass entfernt, musste schließlich ihre Pforten schließen, die Aufträge blieben aus. »Das war keine leichte Zeit. Die Menschen waren sehr verbittert«, erinnert sich der 72-jährige Lucien Fleck zurück. Doch das ist längst Geschichte. Seit etlichen Jahren erlebt die mundgeblasene, so schillernd leuchtende Weihnachtskugel aus den Vogesen eine Renaissance. Immer mehr Menschen begeistern sich für das traditionelle Handwerk, rund 30 000 pro Jahr besuchen die Heimat der Weihnachtskugel im Bitcher Land. Jann Gruenenberger, Produktionsleiter des internationalen Zentrums für Glasmacherkunst (CIAV) bestätigt: »Lothringen und das Elsass haben eine ganz alte industrielle Kultur. Man könnte

auch sagen, hier sind die letzten Glasbläser am Werk, die handgefertigte Weihnachtskugeln herstellen. Das ist eine Geschichte, welche die Herzen der Menschen erwärmt, wie wir immer wieder erfahren.« Von einer Em-

Schillernd: die berühmten Weihnachtskugeln aus Meisenthal.

Ein Kristallzapfen für die Weihnachtstanne aus Meisenthaler Produktion.

pore aus können die Besucher den Glasbläsern bei ihrer schweißtreibenden Tätigkeit zuschauen. Völlig ruhig, aber hoch konzentriert greift ein Rädchen ins andere. Schnell der Kugel noch eine Krone aufgesetzt, schon kommt bereits das nächste funkelnde Oval aus dem Ofen. Anmutig schimmert das tiefrote Kunstwerk in warmen Farben und wird wohl bald einer Tanne einen festlichen Anstrich verleihen. Unterdessen wird schon der nächste Stab erhitzt. Louis und seine Kollegen bringt nichts so schnell aus der Ruhe.

Meisenthal liegt zwischen Bitche und Wingen-sur-Moder. Das Internationale Zentrum für Glasmacherkunst (CIAV) und die Glasbläservorführung können von Ostersonntag bis einen Tag vor Weihnachten jeden Nachmittag (außer Dienstag) von 14–18 Uhr besucht werden. In dieser Zeit werden auch die mundgeblasenen Weihnachtskugeln, Vasen und viele weitere Objekte verkauft. Direkt daneben befindet sich das Glas- und Kristallmuseum, das ebenfalls zu einem Besuch einlädt. Eintritt: 6 Euro Einzelticket, ermäßigt 3 Euro. Es gibt auch Gruppenführungen (Minimum 20 Personen). Dabei gibt es nochmals reduzierte Tarife. Zudem gibt es einen Familienpass, der Eltern, Kinder und Großeltern einschließt, für 14 Euro. ☎ 0033/387968716. Internet: ciav-meisenthal.fr.

Ferner empfiehlt es sich, das nur wenige Dörfer weiter gelegene Lalique-Museum in Wingen-sur-Moder zu besuchen (siehe S.119). Art nouveau und Glaskunst locken rund 120000 Besucher im Jahr in das 2011 eröffnete Museum (trilingual). Internet: www.musee-lalique.com.

9 Das geheime Wissen der Geigenbauer

In Mirecourt werden seit 300 Jahren Violinen hergestellt /
Hauptstadt des französischen Geigenbaus

Alain Carbonare streichelt zärtlich über seine Violine. Rund einen Monat hat der Geigenbauer benötigt, um das neueste Instrument in seiner Werkstatt herzustellen. »Da steckt ganz viel Herzblut drin. Wenn der erste Ton erklingt, ist das für mich wie eine Geburt«, meint der 60-Jährige mit dem jungenhaften Gesicht verschmitzt. Mehr als 500 solcher Geburten hat der passionierte Handwerker bisher erlebt. Er arbeitete für renommierte Künstler wie Yehudi Menuhin, den russischen Meister-Cellisten Rostropowitsch oder für die Band von Céline Dion. Vorwiegend an Orchester und Einzelkünstler in Japan, den USA, Deutschland und Frankreich werden seine Instrumente verschickt. Alain Carbonare ist einer von zwei Dutzend Violinbauern in Mirecourt, südlich von Nancy. Der Instrumentenbau hat hier im Département Vosges eine lange Tradition. Schon seit dem 17. Jahrhundert werden hier Geigen, Celli, Gitarren und Bratschen von höchster Qualität produziert und machen das kleine Städtchen am Fluss Madon zum Zentrum des französischen Violinbaus. Einst wurden hier Stradivaris für Paganini restauriert. Heutzutage schwören auch Rockmusiker wie Eric Clapton oder der französische Star Johnny Hallyday auf die Handwerkskunst aus Lothringen. Für Alain Carbonare ist sein Beruf weit mehr als ein reiner Broterwerb. Er liebt seine filigrane Tätigkeit und freut sich über das Lob, das ihm aus aller Welt zuteil wird. Vor einiger Zeit flog er eigens nach Las Vegas, um dem Violinisten der Band des franko-kanadischen Superstars Céline Dion sechs Violinen und Violoncelli zu überreichen. Ganz besonders stolz ist der Mann, der ursprünglich aus Montbéliard in der Franche-Comté stammt, darauf, dass er eine Violine für den mittlerweile verstorbenen Geigenvirtuosen Yehudi Menuhin bauen durfte. »Das war das Größte für mich. Ich habe ihn als junger Mann einmal spielen sehen und war völlig begeistert. Dass ich ihm viele Jahre später eine Violine

Meister des Geigenbaus:
Alain Carbonare arbeitete für
Yehudi Menuhin, Rostropowitsch
und Céline Dion.

Einen Monat benötigt der Kunsthandwerker für den Bau einer Violine.

bauen durfte, war ein großartiger Moment«, meint der sympathische »Maître luthier«, während er durch sein Reich im Ortskern von Mirecourt führt. Von außen hält man kaum für möglich, was sich im Inneren des Hauses mit der leicht angejahrten Fassade so alles abspielt. Carbonare schreitet in seinen Hof mit anliegender Scheune. Hier lagert der Rohstoff für seine Werkstatt: ganze Stämme Hunderte Jahre alter Ahorn- und Tannenbäume. Diese lässt der Meister im französischen Juragebirge schlagen. »Jeder einzelne ist von mir ausgesucht und für gut befunden worden«, wie er versichert. Den genauen Ort will der 60-Jährige allerdings nicht preisgeben. Schließlich sind die Hölzer, aus denen die Bratschen oder Celli verarbeitet werden, sein Kapital. Beim Fällen des Baumes richtet er sich strikt nach dem Mondkalender. Mit Esoterik habe das jedoch nichts zu tun, sondern mit reiner Logik, wie er betont. Mehr möchte er dazu aber lieber nicht sagen. Gesprächiger wird er bei einem anderen Thema, das ihn seiner Ansicht nach zu einem der erfolgreichsten Geigenbauer der Region gemacht hat. Vor etlichen Jahren kaufte er das Haus des berühmtesten französischen »Luthiers«, Jean-Baptiste Vuillaume, in Mirecourt. Das Haus des Meisters, der mit Paganini befreundet war, sollte abgerissen werden. Ob mit Hintergedanken oder nicht – Carbonare schlug zu und rettete das Anwesen. Und dort fand er einen Schatz, der für ihn einen unermesslichen Wert hatte. »Ich habe die Originalaufzeichnungen des Geigenbaus von Vuillaume gefunden. Mehr Glück kann man auf dieser Welt nicht haben. Auch heute halte ich mich noch punktgenau an diese Anweisungen. Dadurch gelingt es mir, die neues-

Wohnzimmer statt Werkstatt: hier fertigt der Lothringer seine rund 15000 Euro teuren Instrumente an.

ten Violinen wie die der alten Meister klingen zu lassen«, meint der Mann mit den italienischen Wurzeln und freut sich auch heute noch diebisch über seinen Coup. Zwischen 10 000 und 15 000 Euro kosten die Geigen aus dem Hause Carbonare. Dafür setzt sich der Franzose jedoch jedes Mal aufs Neue mit großer Passion an seinen Werktisch, den er in seinem mit historischen Möbeln ausstaffierten Wohnzimmer untergebracht hat. Fast 100 Werkzeuge benutzt er, um nach gut einem Monat eine Geige zum klingen zu bringen. Bei einem Cello verdoppelt sich in etwa die Arbeitszeit. »Es ist jedes Mal wieder etwas Neues. Jede Geige klingt anders. Es ist immer etwas ganz Besonderes und dafür muss man sehr präzise arbeiten«, erklärt der Mann, der von Hause aus Klavier spielt und seit gut 30 Jahren seinem Kunsthandwerk in Mirecourt nachgeht. Auch sein Sohn Antoine und seine Tochter Julie gehen mittlerweile bei ihm in die Lehre. So kann er sein geheimes Wissen an die nächste Generation weitergeben. So wie seine Eltern und Großeltern ihr handwerkliches Können an ihn weitergegeben haben. »Unsere Familie hat immer mit Holz gearbeitet. Ich komme aus einem Hause von Kunstschreinern. Mein Vater und mein Großvater haben wertvolle Möbel hergestellt. Wir hatten auch Musiker in der Familie. Ich bin jedoch der erste, der sich beidem widmet.« Und wenn Carbonare, der sich zur Hälfte als Handwerker und zur Hälfte als Künstler sieht, etwas Zeit bleibt, dann restauriert er alte Violinen. Denn Sammler historischer Instrumente ist der Lothringer auch. »Das ist einfach mein Leben, meine Berufung. Ich liebe es«, sagt er vergnügt. Man glaubt es ihm.

Mirecourt liegt zwischen Nancy und Épinal. In dem 6000-Einwohner-Städtchen im Département Vosges gibt es zwei Museen zum Thema. Einmal das Geigenbaumuseum (Musée de la Lutherie et de l'Archèterie Françaises) sowie das Museum für mechanische Musikinstrumente (Maison de la Musique Méchanique). Infos im Internet: www.ville-mirecourt.fr.

10 Das Märchen von der Limofabrik

Alte Limonadenmanufaktur in Munster stand vor dem Aus / Mit Erfolg auf Nostalgie gesetzt

1996 verwandelte sich die Liebe eines Firmenchefs zu der alten Limonadenfabrik Geyer aus Munster im Osten Lothringens zu einem echten Coup. Um die original hausgemachte Limonade zu retten, erfand Jean-Pierre Barjon ein reines Regionalprodukt. Eine 75-cl-Flasche mit mechanischem Verschluss wie zu Großvaters Zeiten wurde angereichert mit neuen trendy Geschmacksrichtungen wie Limette oder Cranberry. 1997 machte die Pink Lemonade von »Lorina« auf der Messe »Fancy Food Show« in New York Furore, erhielt den NASFT-Award und avancierte zum Szenedrink. Das Familienunternehmen mit einem halben Dutzend Angestellten, das kurz zuvor noch vor der Pleite stand, schickte sich nun an, den amerikanischen Markt zu erobern. Auch in Großbritannien, Spanien, Italien, Malaysia, Singapur oder Japan ist die Marke erfolgreich platziert. Mit einem Vertrieb über vier Kontinente schaut der Getränkehersteller, der vor einiger Zeit noch dem Untergang geweiht schien, derzeit verstärkt auf den asiatischen Markt. 75 Mitarbeiter in dem 200-Seelen-Dorf, einige Kilometer westlich von Sarre-Union, sorgen dafür, dass der Nachschub an Limonade nicht so schnell ausgeht. »Es klingt wie ein Märchen, und das ist es auch«, erklärt Ives Kesseler, der das Unternehmen rund 30 Jahre lang geleitet hat.

In allen gut sortierten Supermarchés im Osten Frankreichs ist die Retrolimo zu haben.

»Wir haben ›Lorina‹ eigentlich von jeher nur in einem Umkreis von 25 Kilometern verkauft. Wir waren ein reiner Regionalbetrieb. Als es in den 90er Jahren nicht mehr lief, stieg Jean-Pierre Barjon ins Geschäft ein und nutzte seine Kontakte nach Paris und der restlichen Welt. Ab da an ging es bergauf. Und wir können heute wirklich nicht klagen«, sagt der 75-Jährige gut gelaunt, der in dem Familienbetrieb auch heutzutage immer noch täglich nach dem Rechten sieht. Die Folgen des Investments: über zwanzig Millionen der markanten Bügelflaschen werden aktuell pro Jahr abgefüllt, um durstige Kehlen rund um den Globus zu befriedigen – und das,

Seit 1895 wird in Munster Limonade hergestellt. Viel Handarbeit ist auch heute noch vonnöten.

obwohl das Getränk eher zum hochpreisigen Segment zählt. Zum Erfolg der 1895 in der Region Moselle gegründeten Marke hat ganz offensichtlich auch die nostalgische Aufmachung beigetragen. Die bauchigen 75-cl- oder Einliter-Glasflaschen mit dem mechanischen Verschluss vermitteln den Geist einer längst verblichenen, guten, alten Zeit. »Wir haben ganz bewusst auf die Marke Tradition gesetzt. Den Bügelverschluss hat außer uns kaum noch jemand in Frankreich gehabt. Das alles hat das Interesse geweckt. Aber letztlich kommt es natürlich auf die Qualität des Produkts an und die hat bei uns immer gestimmt«, erklärt Kesseler. Zur Besinnung auf die Tradition kam auch die Hinwendung zu einer Zielgruppe, die man auf den ersten Blick nicht unbedingt mit Limonade in Verbindung bringen würde: die Generation 50 plus nämlich. »Viele kennen die Limonade ja noch aus ihrer Kindheit und erfreuen sich auch heute wieder daran. Es gibt ja kein Gesetz, das besagt, dass nur Kinder Limonade trinken dürfen. Deshalb betreiben wir unsere Marketingaktivitäten auch in Richtung der jung gebliebenen Senioren und das läuft sehr gut«, so der Grandseigneur der Firma, der als Berater und guter Geist von »Lorina« fungiert. Die Historie der Firma Geyer Frères kennt der rührige Pensionär freilich aus dem Effeff, während er kurz auf die überdimensionalen, nostalgischen Schwarz-Weiß-Bilder aus der Gründerzeit des Unternehmens deutet, die im Foyer des Konferenzraums zu betrachten sind. Yves Kesseler heiratete einst die Enkelin des Gründers. Zu Beginn der 60er Jahre nahm er die Arbeit in der alten Limonadenfabrik in Munster auf, die gegen Ende des 19. Jahrhunderts von Victor Geyer und seinen Brüdern gegründet wurde. Seit der Gründung der Limonadenfabrik im östlichen Zipfel Lothringens wird das Getränk im Übrigen nach unverändertem Rezept hergestellt. »Wir benutzen Quellwasser aus den Vogesen, Zucker aus dem Elsass sowie die Essenz frischer sizilianischer Limonen. Hinzu kommen naturbelassene Limonen und ein paar Tropfen Zitronensäure zur Konservierung«, plaudert der »Limonadier« am Rande des »Krummen Elsass« aus dem Nähkästchen. Um das besondere Aroma der Limonade zu gewährleisten, wird der Sirup lediglich am Zubereitungstag verwendet. Die Produktpalette sei im Laufe der Jahre und nach der Neustrukturierung der Marke immer stärker erweitert worden, so dass mittlerweile auch Limonaden mit feinen Beeren oder Orangenauszügen zum Sortiment zählen. Bis heute konnte die Herstellung im Übrigen nur begrenzt automatisiert werden, da es keine Maschine gibt, welche die Bügelverschlüsse montieren und schließen kann. Deshalb ist auch heute noch viel Handarbeit nötig, wie ein Blick in die Produktion beweist. Neben dem schlichten Design der ursprünglichen Flasche wurde auch ein eher ungewöhnliches, bauchiges Design entwickelt, das mit normalem Drehverschluss funktioniert. Mittlerweile sind die nostalgischen Flaschen sogar längst zu Sammlerobjekten geworden. Man sieht sie auf Flohmärkten in Metz oder Nancy, wo sie von Händlern feilgeboten werden. In jedem Falle scheint die aromatische Limonade in dem Retrolook, die es mittlerweile in etlichen Geschmacksrichtungen gibt und die als kultig gilt, beim Kunden anzukommen. Ein Ende des Märchens scheint nicht in Sicht.

Die Produktion von »Lorina« sitzt im lothringischen Munster, rund eine halbe Stunde westlich von Sarre-Union. Man erhält die Limonade in allen gut sortierten Supermärkten im Elsass und in Lothringen. In Deutschland ist die Retrolimo weitgehend unbekannt. Mehr Infos im Internet: www.lorina.com.

11   Die Höhlenbewohner von Dabo und Graufthal

In den Nordvogesen verblüffen Felswohnungen den Betrachter / Eremiten lebten dort jahrhundertelang

1902 starb der Letzte von ihnen. Eduard Himbert, genannt der »Waldbruder«. So wie er lebten rund 40 Menschen in den Höhlen von Dabo. In dem schroffen Felsgestein in der Nähe des rund 600 Meter hoch gelegenen Bergdorfs im Osten Lothringens hatten sie sich eingerichtet. Eine Öffnung fürs Fenster, eine für die Tür, drinnen gestampfter Lehmboden, ein gemauerter Kamin. Im Gebäude: Strohsack, Stuhl, Tisch und Bett. Die Einsiedler brauchten nicht viel. Ab etwa Ende des 17. Jahrhunderts bis 1902 lebten etliche Generationen von Familien hoch oben auf dem Kühberg und dem Falkenfelsen, unmittelbar an der zugigen Felswand. Halb Burg, halb Versteck. Sie schnitzten Spazierstöcke und Heiligenbilder, züchteten Bienen und hielten ein wenig Kleinvieh – argwöhnisch betrachtet von den Menschen im Dorf. 1894 machte die preußische Forstverwaltung, zu deren Hoheitsgebiet die elsässisch-lothringische Grenzregion nach dem deutsch-französischen Krieg 1870/71 zählte, dem Leben auf dem Felsvorsprung zunächst ein Ende. Mit Dekreten und Dynamit vertrieben sie die Waldmenschen um Eduard Himbert und seinen Kumpel, den Felsen-Martin, aus den Höhlen. Nur ein winziges Stückchen unter dem Buntsandsteingebirge blieb ihnen noch, da es nicht unter das Areal der Forstverwaltung fiel. Aber 1902 war dann gänzlich Schluss. Die Klappe fiel für die prämodernen Aussteiger im Osten Frankreichs. »Eigentlich kann man sie ja schon verstehen. Sie hatten ja alles. Zwar keinen Komfort, es war sicherlich sehr spartanisch. Aber zum Leben reichte es wohl. Das Gestein versprach ihnen im Sommer Kühlung, im Winter Wärme. Das war die perfekte natürliche Isolierung. Und mehr Ruhe als hier oben kann man wahrlich kaum haben«, sagt Peter Amann, während er durch die verlassenen Höhlenwohnungen schreitet, die man nach einem kurzen Marsch durch den Wald oberhalb von Dabo erreicht. »Aber natürlich wurden sie von den Dorfbewohnern wohl eher argwöhnisch betrachtet. Sie galten sehr wahrscheinlich als Wilddiebe und Plünderer. Wild gab es im Forst ja zuhauf. Aber sie waren auch als geschickte Handwerker bekannt«, weiß der Mitarbeiter des Office de Tourisme von Dabo, welches den rauen Landstrich in den Nordvogesen mit dem Slogan »Das mysteriöse Land« bewirbt. In diesem Fall zu Recht. Zwar sucht das Gros der Touristen zuallererst die markante Felsenkirche von Dabo auf, aber auch die Höhlensiedlungen finden immer mehr Interessenten, seitdem das Tourismus-

Direkt am Fels, in bescheidenen Behausungen, lebten die »Höhlenmenschen« von Dabo bis 1902.

büro Wanderungen zu dem Felsmassiv anbietet. Wichtigste Voraussetzung war natürlich, dass die regionale Fremdenverkehrszentrale im Département Moselle die zerfallenen Häuser vor etwa zehn Jahren nachbauen ließ. Und wenn man so zwischen den einfach gehaltenen Behausungen hin- und herwandert, stellt man eines fest:

Vor den Felsenwohnungen geht es steil in die Tiefe.

Höhenangst dürfen die Bewohner keinesfalls gehabt haben. Direkt vor den Felsenwohnungen geht es nämlich steil in die Tiefe. Andererseits entschädigen der geradezu königliche Ausblick sowie das Gefühl, wie ein Burgherr – inmitten der Natur – über dem Wald und der Siedlung zu thronen. Die Höhlen von Dabo, einer Verbandsgemeinde mit 2700 Einwohnern südlich von Phalsbourg, boten den Eremiten vor allem ein perfektes Rückzugsgebiet in einer waldreichen, menschenleeren Höhenlandschaft, in der heute lediglich die Forstindustrie neben dem Tourismus den Menschen Arbeit bietet. »Das hier ist schon ein eigener Menschenschlag. Bei Fremden zunächst skeptisch, dann aber herzlich. Das Motto heißt: »Leben

und leben lassen«, erklärt Peter Amann. Wie viele hier hat der Franzose Schweizer Wurzeln. Im 17. Jahrhundert kamen viele Eidgenossen ins »pays du Dabo« und schlugen hier Wurzeln. Wie eben auch die Generationen von Waldmenschen, die hier lange im Einklang mit der Natur lebten. »Einige von ihnen waren auch im Dorf halbwegs integriert. Eduard

Beeindruckend: die Felswohnungen von Graufthal im Sandsteingebirge der Nordvogesen.

Himbert soll jeden Sonntag zum Gottesdienst hinab ins Tal gestiegen sein, um dort den Orgelbalg des Organisten zu betätigen. Man sagt, er hat Kreuze und Christusbilder geschnitzt. Er soll sehr gottesgläubig gewesen sein«, sagt Peter Amann. In jedem Falle erinnert man sich in dem lothringischen Bergdorf in den Vogesen wieder seiner Geschichte und macht sie seit einiger Zeit auch den Touristen zugänglich. Etwa 30 Kilometer von Dabo entfernt verblüffen im Übrigen noch weitere Felswohnungen den Betrachter, und zwar in Graufthal, einem Ort der Gemeinde Eschbourg. Die ins Massiv gehauene, blau gestrichene Häuserreihe wirkt äußerst beeindruckend. Die Häuser befinden sich mitten im Dorf, nur einige Meter von der Hauptstraße entfernt. Bereits im 16. Jahrhundert sollen sie zunächst als Lagerräume des ansässigen Klosters genutzt worden sein. Zudem soll dort sogar eine kleine Zündholzfabrik existiert haben. Erst Ende der 50er Jahre des vorigen Jahrhunderts verstarb die letzte Bewohnerin, die Felsen-Käth. Zwischen den in den roten Sandsteinfels eingeklemmten Wohnungen im nördlichen Elsass und jenen in Lothringen soll es jedoch trotz der relativen Nähe keine Verbindungen gegeben haben, ist sich Reiseführer Amann sicher.

Dabo liegt unweit von Sarrebourg. Mehr Infos beim Office de Tourisme du Pays de Dabo (www.ot-dabo.fr). Graufthal gehört zur Gemeinde Eschbourg, südlich von La Petite-Pierre. Die Felswohnungen sind direkt an der Hauptstraße und kaum zu übersehen – wenn man von der D122 abzweigt. Gruppenführungen nach Voranmeldung möglich unter ☎ 00 33 / 388 70 42 30. In der Regel sonn- und feiertags von 14–18 Uhr (Frühling bis Herbst).

Ein Augenschmaus für die Sinne

Der Trödelmarkt in Metz gilt als der größte in Ostfrankreich / Historisches und Kurioses

Es ist kein gewöhnlicher Flohmarkt, der rund zwanzigmal im Jahr in den Messehallen von Metz über die Bühne geht. Vielmehr ist es ein Augenschmaus für die Sinne, ein Panoptikum, das seinesgleichen sucht. Man könnte es auch anders formulieren: es ist wie ein Trip in die Vergangenheit. Wohin das Auge auch blickt: Porzellan, historische Möbel, Standuhren, Emailschilder, alte Gemälde, Blechspielzeug, wertvolle Vasen, Militaria, ganze Bistroeinrichtungen oder Kurioses vergangener Zeiten. Der Flohmarkt in Metz gilt obendrein als der größte in Ostfrankreich und existiert bereits seit über 30 Jahren. Allenfalls der »Marché aux puces« in Belfort, südlich von Mulhouse, kann dem Flohmarkt in den Expohallen von Metz – was Qualität der Exponate und Größe betrifft – in Ostfrankreich noch das Wasser reichen. Auch dort wird auf hohem Niveau gefeilscht und gehandelt, zumal draußen, im historischen Stadtkern. In Metz dagegen wechseln unabhängig von Wetterlaunen »indoor« und ganzjährig die kleinen Schmuckstücke ihre Besitzer. »Wir haben neben Frankreich viele Besucher aus Belgien, Holland, Luxemburg oder Deutschland. Auch Trödelmarktfans aus England suchen hier

Handeln und Feilschen sind Teil des Geschäfts auf dem Trödelmarkt in Metz.

immer wieder nach Schätzen«, weiß Daniel Flenghi zu berichten, der bei der Messe Expo für den Flohmarkt verantwortlich ist. Wie zum Beweis flirren englische Sprachbrocken durch die Luft. Ein Ehepaar von der Insel ist auf der Suche nach speziellen Tabakdosen. Die exponierte Lage in der Region Saar-Lor-Lux macht den Markt in Metz zu einem beliebten Treffpunkt für eine internationale Schar von Antiquitätenhändlern. Während in den Anfängen etwa 100 Händler ihre Waren feilgeboten hatten, sind es heute mehr als 350. Daniel Flenghi schätzt die Zahl der Besucher pro Trödelmarkt auf etwa 10 000 bis 15 000. Auch für den Tourismus sei das ein interessanter Wert. Wobei wohl die wenigsten Geld in der Stadt ließen, sondern sich schnurstracks von der außerhalb an der Autobahn gelegenen Messehalle wieder auf den Weg in die Heimat machten. Schon seit Jahren verkauft Alain Schumacher aus Haguenau seine Waren auf dem Metzer Markt. Hauptberuflich betreibt der

Ob Grammophon, Kinderspielzeug oder Bistrotisch – zu entdecken gibt es einiges.

61-Jährige, der deutlich jünger aussieht, ein Entrümpelungsunternehmen im Elsass. Klar, dass Schumacher da auf manchem Dachboden den einen oder anderen Schatz hebt. Gerade hat er eine Garnitur von originalen Thonet-Stühlen an den Mann gebracht. Einige Hundert Euro wechselten den Besitzer und machten offensichtlich sowohl den Verkäufer als auch den Käufer glücklich. »Das Niveau der Waren auf diesem Markt ist schon sehr hoch. Viele Besucher kommen aus der Region Lothringen. Aber man hört neben Deutsch zum Beispiel interessanterweise auch viel Italienisch«, sagt Alain Schumacher. In jedem Fall werden in Frankreich historische

Interessierte Blicke streifen zahlreiche historische wie kuriose Exponate.

Dekoschätze gehegt und gepflegt und gerne als Akzent in die Wohnung gestellt. Und eine Besonderheit gibt es auf dem Markt in Lothringen zudem, die in Deutschland eher nicht vorstellbar ist. Ein regelrechtes Heer von Armeedevotionalien wird hier veräußert. Neben Abzeichen, Helmen und Uniformen werden selbst Musketen offeriert. Kurioserweise finden sich so gut wie keine Utensilien aus dem Zweiten Weltkrieg hier in den Expohallen der einstigen Reichsstadt. Der Fokus liegt eindeutig auf Militaria aus dem Ersten Weltkrieg,

der in Lothringen und der Festung Verdun einst verheerende Spuren hinterließ. Auf ein gutes Geschäft hofft auch Christophe Pion. Der Händler aus Bischwiller im Nordelsass verkauft Dinge, die früher in einer Brauerei standen. In seinem Heimatdorf hat er einen Trödlerladen, wo er sich ebenfalls auf alte Dinge aus dem Alltagsleben spezialisiert hat. Überhaupt fällt auf, wie viele Händler aus dem Elsass den Weg in die Mirabellenstadt gefunden haben. Auch der Mittvierziger Gilbert kommt von dort, genauer aus Colmar. Er ist einer derjenigen, die altes

Blechspielzeug für Kinder verkaufen, aber auch sammeln. Früher sei er oft auf dem »Marché aux puces« in Belfort gewesen. Aber da kann er – zumindest als Sammler – nicht mehr mithalten. »Die Schweizer machen die Preise kaputt. Das ganze Preisniveau ist erheblich gestiegen«, beklagt er sich. In der Tat, wer einmal den Markt in Belfort besucht hat, wähnt sich aufgrund der vielen elegant gekleideten Menschen eher auf einem Treffen der Rotarier oder des Lions Club als auf einem Flohmarkt. Die unmittelbare Nähe zu Basel lässt viele Schweizer sonntags in das Territoire de Belfort über den Rhein wechseln und nach hochwertigen Schnäppchen fahnden. Mehrmals im Jahr ist dagegen Sophie Schneider aus Baden-Baden auf dem Trödelmarkt in Metz zu finden. Sie nimmt die rund zweieinhalbstündige Anfahrt gerne in Kauf. Die 39-Jährige sucht alte Emailschilder, Werbung also, die von 1900 bis etwa 1950 ihre große Ära hatte. Ob Orangina, Pernod, Kronenbourg oder Banania – die Badenerin hat etliche ihrer Stücke in Lothringen erstanden. Mehrere Hundert Euro sind die Schilder wert; die eingeschworene Sammlerszene trifft sich auf Börsen im rheinhessischen Flonheim oder in Edenkoben. »Aber hier macht das Suchen noch richtig Spaß. Hier kann man manches Schätzchen entdecken. Auf deutschen Flohmärkten findet man dagegen fast nichts mehr«, erklärt sie. Ihr Französisch sei zwar eher rudimentär ausgeprägt, aber einige wichtige Floskeln und Zahlen beherrscht sie aus dem Effeff. »Das geht mit Händen und Füßen. Man weiß, was der andere will. Da heißt es taktieren oder sich dumm stellen. Am Ende bekomme ich immer, was ich will«, meint die blonde Frau lächelnd.

Der Flohmarkt in Metz (Expohalle Messe) findet zwanzigmal im Jahr statt – immer samstags von 7–12 Uhr. Mehr Infos im Internet: www.metz-expo.com, dann auf »Marché aux puces« klicken. Sehr empfehlenswert ist auch der Flohmarkt in Belfort in der Franche-Comté unweit von Mulhouse und Basel. Dort treffen sich gut betuchte Schweizer und Deutsche, um hochwertige Antiquitäten zu erstehen. Dieser Markt findet jeweils am ersten Sonntag eines Monats im Zentrum Belforts statt – immer von März bis November.

13 »Jeder Koffer erzählt eine eigene Geschichte«

Weltweit einzigartige Sammlung historischer Reisekoffer in Haguenau / Kulturgeschichte des Reisens nacherzählt

Wer das Reich von Jean-Philippe Rolland und seiner Frau Marie betritt, der kommt aus dem Staunen so schnell nicht heraus. Das Ehepaar hat in Haguenau ein ziemlich ungewöhnliches Museum für Reisekoffer und Utensilien des Reisens errichtet. Es ist wie eine Reise ins 19. Jahrhundert – wohin man schaut, sieht man riesige, aufwendig restaurierte Koffer aus einer Zeit, als der Orient-Express wohl gerade en vogue war. Zudem gibt die Sammlung von über 300 Koffern von renommierten Marken wie Vuitton, Hermes, Goyard oder Moynar auch einen Einblick in die Mobilität des Menschen und die Kulturgeschichte des Reisens, die mit der Etablierung der Eisenbahn Mitte des 19. Jahrhunderts neue Dimensionen erreichte. »Man findet hier die Geschichte des Reisens wieder. Jeder Koffer erzählt seine eigene Geschichte. Für uns war und ist das schon viele Jahre ein faszinierendes Hobby. Natürlich ist da auch ein Hauch Nostalgie mit im Spiel«, erklärt Jean-Phillipe Rolland. Der 45-Jährige sammelt die wertvollen Stücke nicht nur. Gemeinsam mit seiner Frau restauriert er die riesigen, oft hölzernen Reisekoffer auch. Abnehmer hat das Paar aus der zweitgrößten Stadt des Nordelsass

genug. Französische Filmemacher schauen sich immer mal wieder bei Ihnen um, wenn sie für Filme, die in Zeiten des Fin de Siècle spielen, originale Stücke benötigen. Derzeit bringt das Paar gerade ein Stück auf Vordermann, das für Euro Disneyland in Paris benötigt wird. Auf einem Mississippidampfer sollen die Reiseutensilien für eine authentische Atmosphäre sorgen. »Auch für Theater machen wir einiges, für Casinos oder Marionettenspieler. Ebenso für Privatpersonen, die Originalkoffer als Dekostück für ihre Wohnung haben wollen«, berichtet Rolland. Denn die zuweilen mannshohen Kof-

Restauriert werden die wertvollen Stücke von dem Paar aus dem Nordelsass für Kunden aus Japan oder aus den USA.

Jean-Phillipe Rolland und seine Gattin Marie haben mehr als 300
historische Reisekoffer von Marken wie Vuitton, Hermes oder
Goyard zusammengetragen.

fer muten fast wie Schränke an, sind aufklappbar und deshalb
ein ebenso attraktives wie nützliches Dekoteil für Menschen, die
sonst bereits alles haben. Und natürlich sind die Rollands für die
internationale Sammlerszene tätig. Schließlich gelten sie als Ko-
ryphäen in Sachen historische Reisekoffer, was ihre Kollektion als
auch die Restaurationstechnik betrifft. »Wir haben Kunden aus den
USA, Japan, Italien und dem Rest Europas. Die Leute, die ein Faible
dafür haben, sind bunt gemischt.« Selbst die französische Vogue hat
dem Paar mit dem Sinn für Nostalgie und der weltweit einzigartigen
Sammlung bereits einige Zeilen gewidmet. »Bei uns sind alle Epochen, Marken und Stilrichtungen vertreten. Die Leute können sehen,
wie sich der Koffer weiterentwickelt hat, da seine Geschichte nun
mal eng mit der Geschichte des Reisens verbunden ist.« Während
man heutzutage meist
lässig einen schmalen
Trolley hinter sich her-
schiebt, wenn man un-

Zeittunnel in die Welt
von Jules Verne und des
Orient-Express: wohin man
schaut, aufwendig restau-
rierte Reiseutensilien.

Selbst für französische Filme oder Freizeitparks wie Euro Disney in Paris restaurieren die Beiden Reisekoffer.

terwegs ist, hat man in Zeiten der Dampfloks und des Ozeankreuzers wahre Trums auf Reisen geschickt. »Wir haben eine Kundin, die geht selbst heutzutage noch mit ihrem riesigen, nostalgischen Stück auf Reisen. Wir konnten das nicht glauben. Die ältere Dame hat nur streng geschaut und gemeint: Das ist das Problem meines Mannes«, erzählt Marie Rolland schmunzelnd. Enorm sind auch einige Harfenkoffer, die im Musée du bagage ausgestellt sind. Es gab damals Extrareisekoffer für Schuhe, Kleidung, Kosmetika und, und, und. Das älteste Stück im Hause Rolland stammt im Übrigen aus dem Jahr 1640. Mit der Eisenbahn begann zwei Jahrhunderte später auch das heranwachsende Bürgertum mobiler zu werden. Vornehmlich aus Westeuropa und Nordamerika stammen die Stücke in der Sammlung. Frankreich, England, Deutschland und die USA sind hauptsächlich vertreten. »Ich habe auch einige wenige aus Portugal, Spanien oder Australien«, zählt Jean-Philippe Rolland auf. Besonders fasziniert den Elsässer, wie viel Mühe und Kunstfertigkeit man zu Zeiten Jules Vernes für den Bau der Koffer aufgewendet hat. »Man hat mit ganz verschiedenen Materialien zu tun: Leder, Holz, Messing, Zink. Das waren eben Luxusartikel und so waren sie auch verarbeitet. Da war handwerkliches Können gefragt. Schade, dass das Gros der Firmen im Laufe der Jahrzehnte eingegangen ist. Aber das ist wohl der Lauf der Geschichte. Heute reist man mit dem Flugzeug und wenig Gepäck.« Um das historische Erbe zu bewahren, hat das Paar eigens den Verein »Voyages, Bagages et Compagnie« gegründet.

Die Adresse des Musée du bagage lautet: 5, rue St Exupéry, Haguenau – nördlich von Strasbourg. Jeweils sonntags von 14–18 Uhr geöffnet. Eintritt: 5 Euro. Auch Gruppenführungen sind möglich. Mehr Infos auf den Websites: www.la-malle-en-coin.com und www.museedubagage.com.

14 Solex-Enthusiasten aus Fort-Louis

*Im Nordelsass treffen sich Liebhaber motorisierter Velos /
Reminiszenz an die eigene Jugend*

Wer in den 70er und 80er Jahren aufwuchs, sah sie in Massen und fuhr vielleicht selber eines: Mofas – heute fast von der Bildfläche verschwunden. Nicht nur jenseits des Rheins war Peugeot die dominierende Marke bei der motorisierten Jugend. Wer dagegen in den 50er und 60er Jahren auf ein Rad mit Hilfsmotor setzte, fuhr in Frankreich zumeist ein Velo Solex. Und eben diesem Erbe haben sich die Solex-Freunde in Fort-Louis im nördlichen Elsass gewidmet. Vereinsmit-

Bekennender Solex-Fan: Joachim Bieger. Der Nordelsässer nennt etliche der motorisierten Velos sein Eigen.

glied Joachim Bieger, der etliche der schwarzen Zweiräder sein eigen nennt, veranstaltet jährlich eine Börse für historische Solex-Mofas und Mobylettes in Kesseldorf. »Das ist sicherlich eine Reminiszenz an die eigene Jugend. Es ist die Liebe zu dieser Zeit und der Mechanik. Damals konnte man ja alles selber machen, die Elektronik hielt sich in Grenzen. Wir sind halt alle echte Schrauber und Tüftler. Das Solex ist technisch sehr einfach, man muss kein Topmechaniker sein. Ein wenig Mut, ein Handbuch und einige Tipps von Solex-Freunden – dann geht das schon«, sagt der Ingenieur, der im Badischen arbeitet. Lediglich 1,2 Liter auf 100 Kilometer benötigt ein Solex, hat 0,4 PS, erreicht 35 Stundenkilometer und ist auch nicht unbedingt leise. Für Bieger bedeuten die Mopeds der damaligen Zeit Lebensfreude pur. »Es macht einfach Spaß, sonntagmorgens mit dem Solex rauszufahren, um ein Baguette beim Bäcker zu holen. Das ist heute nicht anders als damals. Das Zweirad hat einfach Charme. Egal, wo man hinkommt, es gibt immer Leute, die eine Solex hatten und die eine oder andere Geschichte zu erzählen haben. Und wenn nicht, dann hatte der Vater oder Onkel eine. Früher war man Teil der motorisierten Jugend – jeder kannte jeden. Und heute teilt man dieses Hobby eben mit anderen Liebhabern.« Der 46-Jährige fuhr damals wie seine Altersgenossen von Dorf zu Dorf im Elsass, wo eben gerade was los war. »Bei den

Solex-Mofas und Mobylettes präsentiert Bieger alljährlich auf seiner Börse in Kesseldorf bei Seltz.

Mädchen hatte man natürlich einen guten Stand. Um die Freundin zu besuchen, war ein motorisierter Untersatz zwingend notwendig«, meint der Familienvater grinsend. Zudem waren die Mofas gerne mal frisiert und um einiges schneller. Auch im Hier und Heute genießt der Kesseldorfer mit seinem Club den Ausritt auf der Solex. »Wenn wir mit unserer Gruppe, gut 20 Mann stark, unterwegs sind, sorgt das natürlich für Staunen. Die Leute sind immer ganz begeistert. So oft sieht man die Vehikel ja nicht mehr auf den Straßen. Wir machen immer mal wieder den einen oder anderen Tagestrip pro Jahr mit der versammelten Mannschaft. Das ist schon ein schönes Bild.« Beim Comité des fêtes in Kesseldorf, welcher Jahr für Jahr die Tauschbörse für Mofafreunde organisiert, ist der Jüngste gerade mal zwölf Jahre alt, der Älteste 78. »Jeder ist stolz auf seine Maschine, hegt und pflegt sie. Alle stammen aus dem nördlichen Elsass. Zu unserer Börse kommen aber auch Besucher aus dem Schwarzwald, der Pfalz, den Vogesen oder aus Lothringen.« In der Szene tauscht man Ersatzteile aus, restauriert die Velos und macht sich auch gerne mal die Hände schmutzig. Wenn ein Vehikel mal nicht anspringt, hängt es zumeist mit der Benzinzufuhr zusammen. Dann heißt es Leitungen ausblasen, Benzinpumpe und Vergaser reinigen – und schon brummt der Motor wieder. Heutzutage sieht man die Mopeds kaum noch auf den Straßen. Ob die bunten Vehikel einfach nicht mehr en vogue sind? »Das hängt sicherlich mit dem geänderten Freizeitverhalten der Jugend zusammen. Es ist bei der heutigen Generation wohl wichtiger, ein schickes und teures Handy oder einen entsprechenden Computer zu haben. Früher sind die jungen Leute zuerst mit dem Mofa herumgefahren, dann hat man sich eine 80er gekauft oder aufs Auto gespart. Man war mobiler. Heutzutage kommuniziert man mehr von zu Hause via Computer oder auf Internetplattformen mit

Menschen in aller Welt. Es ist eine andere Zeit. Aber ich gehe mal davon aus, dass Mofas irgendwann wieder kommen. Ich bin mir da relativ sicher«, betont der Elsässer. Er selbst ist im Übrigen stolzer Besitzer von gleich sechs Solex-Mofas – von der klassischen 3800 bis zur eher seltenen 6000. Der 46-Jährige ist des Öfteren auf Börsen oder Internetauktionen unterwegs auf der Suche nach älteren Modellen. Und natürlich hat er seine eigene Plattform mit der Solex-Börse in Kesseldorf unweit von Seltz. Dort bietet er Liebhabern ein Forum. Manche holen sich dort Ideen, um ihr eigenes Gefährt umzurüsten oder entsprechend zu restaurieren. Der Austausch von Tipps und

Anleitung zur Konstruktion einer Vélosolex. Für echte Schrauber kein Problem.

Auch mal als Gendarm »verkleidet«, geht es mit einem Mofa auf die Piste.

Tricks stünde neben dem Ankauf von historischen Stücken und der Pflege von Freundschaften im Mittelpunkt. »Für mich ist die Schrauberei heute eine willkommene Abwechslung zum Alltag. Mir macht es unheimlich viel Spaß, an den alten Mopeds herumzubasteln. Ich gehöre ja noch zur Generation Lego – wir haben schon immer gewerkelt«, meint Joachim Bieger. Zudem sei es eine gute Gelegenheit, einige Stunden mit seinen Söhnen in der Garage zu verbringen. Denn sein Hobby hat er quasi an die nächste Generation weitervererbt.

Wer eine Solex besitzt, kann sich mit Joachim Bieger via E-Mail (solex. kesseldorf@orange.fr) in Verbindung setzen. Er spricht Deutsch. Die Solex- und Mobylette-Börse findet jeden Sommer zu unterschiedlichen Terminen in Kesseldorf bei Seltz im Nordelsass statt. Infos dazu in regionalen Medien oder im Internet.

15 Ein »Garten Eden« in den Vogesen

Paar hat ein grünes Idyll geschaffen / Poesie der Natur mit einzigartiger Blütenpracht

Es ist ein herrliches Fleckchen Erde, das Monique und Thierry Dronet inmitten der Vogesen geschaffen haben. Das Paar betreibt den »Jardin de Berchigranges« mit mehr als 40 000 Pflanzen und Sträuchern bei Granges-sur-Vologne. Von April bis Oktober ist dieser etwa zweieinhalb Hektar große »Garten Eden« für Besucher geöffnet. Dann können diese sich auf 650 Metern Höhe in einem üppigen Pflanzenparadies tummeln, in dem jeder Monat seine besonderen farblichen Nuancen zeigt. Im April erwacht der Garten, es dominieren weiß und gelb, Narzissen läuten den Frühling ein.

Im Mai schließen sich die winterharten Pflanzen an. Die Hauptrolle spielen dann die Candelabra-Primeln mit ihren vielfarbigen Kronen. Im Juni ist blau die vorherrschende Farbe, königlich zur Schau gestellt vom blauen Mohn des Himalayas. So ziehen sich Farbenreigen und betörende Düfte durch das »grüne Paradies«. Monique Dronet kennt die strahlenden Gesichter der Besucher, von denen viele jedes Jahr wieder kommen, allzu gut. Sie lächelt milde und spricht von der »Poesie der Natur.« Alles habe seinen Platz: der Duft der Pflanzen, die Insekten, die sich auf ihnen tummeln, die leuchtenden Farben und die Magie des Gartens mit seinen vielen verschiedenen Facetten. Vor gut zwanzig Jahren haben die Dronets mit der Gestaltung der Anlage begon-

Die Arbeit geht so gut wie nie aus.
Der »Jardin« will gehegt und gepflegt werden.

nen. Sie rodeten den Platz, Granit wurde tonnenweise abgetragen, 3000 Fichten gefällt und tausende Kubikmeter Erde aufgetragen. Eine Arbeit, die vor zwei Dekaden begann und wohl nicht so schnell enden wird. Derzeit wird das Areal gerade auf fünf Hektar ausgedehnt; es entsteht ein Regengarten. Warum gerade hier, hoch oben in den Vogesen, wo die Winter kalt und die Sommer heiß sind? Schließlich stammt Monique Dronet aus Nordfrankreich, ihr Gatte aus der Bretagne. Nicht gerade um die Ecke. »Wir haben uns sehr viel angeschaut – in ganz Frankreich. Wir waren in den Pyrenäen und sonst wo. Am Ende haben wir uns in diesen Ort in den Vogesen verliebt, haben den Boden hier erworben und sind einfach hiergeblieben«, betont Thierry Dronet. Bezüge zu Lothringen habe es vorher nicht gegeben, es sei mehr oder weniger ein glücklicher Zufall gewesen. Besonders stolz sind die beiden – wenn man so will – Aussteiger, dass sie keinerlei Zuschüsse vom Département oder der Region erhalten und das, obwohl sie etliches zum sanften Tourismus in den Vogesen beitragen. »Wir wollen kein Geld von staatlichen Organisationen. Wenn wir Subventionen annehmen würden, dann würden die Geldgeber in unser Konzept hineinreden. Das möchten wir auf keinen Fall. Die Geschichte läuft bisher autark ab und soll es

Für die einzigartige Pflanzenpracht verantwortlich: Monique und Thierry Dronet.

auch bleiben«, macht der Öko-Rebell unmissverständlich klar. Auch wenn ihm die Arbeit schwer auf den Schultern lastet, Kompromisse will er nicht eingehen. Zeit ist daher kostbar; schnell springt er wieder in den Bagger, um Erde für den zu schaffenden Regengarten umzugraben. Unterstützt wird er von einem Gärtner, Studenten der Gartenbautechnik und Praktikanten. Die Kinder der Dronets, allesamt im erwachsenen Alter, helfen gelegentlich mit. Aber einsteigen in das Ökoprojekt, das 2005 in Frankreich zum »Garten des Jahres« gekürt wurde, das wollen sie eher nicht. »Sie gehen ihre eigenen Wege. Das Interesse ist schon da. Aber sie haben halt auch gesehen, wie viel Arbeit dies hier alles bedeutet. Das kann schon abschreckend wirken. Der Garten ist irgendwie unser Baby«, meint die sympathische Frau mit dem »grünen Daumen« und fügt hinzu: »Wir lieben diesen Platz einfach. Wir haben hier beispielsweise aktuell rund 450 verschiedene Sorten von Narzissen. Die Natur ist einfach inspirierend. Wir Menschen leben von Emotionen. Hier erlebt man ein einzigartiges Zusammenspiel von Farben, Formen und Düften«, betont die Französin, die in ihrem

Viele »stille« Plätze laden zum Verweilen in den Vogesen ein.

Narzissen in rund 450 Sorten sind im April und Mai
im »Jardin de Berchigranges« zu bewundern.

Garten freilich auch über die Zusammenhänge in der Natur und
das ökologische System informieren möchte. In ihrem blaugrün
gestrichenen Häuschen, das auch dem Auenland in J. R. R. Tolkiens
Fantasyklassiker »Herr der Ringe« entsprungen sein könnte, lebt die
Familie inmitten der Pflanzenpracht. Beeindruckend ist auch, mit
welcher Sorgfalt das Paar das Garteninventar für das »grüne Paradies« ausgewählt hat. Viel Holz, viktorianisch anmutende Tische
und Stühle, alles sehr schlicht. Sie fügen sich hervorragend in die
Landschaft ein. Fast scheint die Zeit stehen zu bleiben. Am liebsten
würde man ein Buch in die Hand nehmen und irgendwo an einem
dieser stillen Plätze die Zeit verstreichen lassen. Die Auswahl der
Orte dafür ist groß: Englisch anmutende Cottage Gardens, kleine
Weiher, Kaskaden von Rosen, zwei Steingärten, ein Thymiansalon
oder ein »Gewürzzimmer«. Weitere Ideen zur Gestaltung hat das
Pärchen aus den Vogesen reichlich. »Die mittlere Berglage macht
die Anpflanzung einer Vielfalt von Pflanzen möglich. Aber es ist vor
allem der Zauber des Ortes und seine Atmosphäre, der die Menschen
anzieht«, meint sie wissend.

»Le Jardin de Berchigranges« befindet sich in Granges-sur-Vologne, nordwestlich von Géradmer. Juni bis August täglich von 10–19 Uhr geöffnet.
April, Mai, September, Oktober täglich von 14.30–19 Uhr geöffnet. Erwachsene 10,50 Euro; Kinder 4,50 Euro Eintritt. Gruppentermine nach
Vereinbarung. Infos im Internet: www.berchigranges.com.

In der Silbermine von Sainte-Marie-aux-Mines wurde jahrhundertelang Silber gefördert

Es ist dunkel, es ist feucht – und vor allem ist es sehr eng. Wer sich auf Minenerkundung im Silberbergwerk »Tellure« bei Sainte-Marie-aux-Mines begibt, der darf nicht sonderlich klaustrophobisch veranlagt sein. Guide Antoine Macchinetti deutet auf eine Wand mit einem schmalen Einschlag, hinter ihm steht eine Gruppe mit Schutzanzügen und Helmen inklusive Grubenlampe. »Hier geht's lang. Das ist der Weg, welchen die Grubenarbeiter im 16. Jahrhundert ins Gestein geschlagen haben.« Kurzes Stirnrunzeln, ratlose Gesichter. Aber man gibt sich einen Ruck und schon startet die Erkundungstour durchs düstere Labyrinth. Stark Übergewichtige würden mit Sicherheit im Schlund des Berges stecken bleiben, aber die dürften natürlich erst gar nicht so weit kommen. Denn vor Beginn der Tour schaut sich der Fremdenführer seine Klientel genau an. Nicht auszudenken, im Dunkel ginge es plötzlich weder vor noch zurück. Aber Antoine Macchinetti hat alles im Griff. Und nach einem kurzen Gang durch den schmalen Einschlag ist man wieder auf halbwegs vertrautem Terrain. Wie riesig doch die Tunnelgänge aus dem 18. Jahrhundert wirken gegenüber den »Wegen« durch das Gestein aus dem 16. Jahrhundert, als die technischen Möglichkeiten noch äußerst limitiert waren. Bereits seit 1549 werden im Bergwerk Saint-Jean Engelsbourg Silber geschürft und Minerale aus dem Stein gehauen.

Mineralien in Hülle und Fülle im Museumsshop.

In dem Silberbergwerk gibt es so manches zu entdecken und zu erforschen.

Nicht umsonst heißt das Tal um Sainte-Marie-aux-Mines östlich von Saint-Dié-des-Vosges »Val d'argent« (Silbertal). Für die Vielfalt und die Qualität seiner Kristalle ist die Region bekannt. Jedes Jahr findet hier Ende Juni die größte Mineralienbörse Europas statt. Edelstein-händler aus der ganzen Welt kommen in den kleinen Ort in den Vogesen, um ihre Schätze feilzubieten. Der Abbau von Silbererz hat eine Jahrhunderte während Tradition in der elsässischen Gemeinde. Und die Bergwerksarbeiter waren damals durchaus privilegiert. »Die Minenarbeiter durften sich über viele Vorzüge freuen. Sie hatten die Lizenz, in den angrenzenden Wäldern zu jagen und in den Seen zu fischen. Bei ihnen wurden keine Steuern erhoben. Zudem gab es ei-gens für sie eine Krankenversicherung. Acht Stunden pro Tag haben sie gearbeitet. Frauen durften nicht in die Mine«, erläutert Macchi-netti und fügt hinzu, »gut bezahlt waren sie natürlich auch. Aller-dings hatten sie nicht ganz so viel davon. Die Lebenserwartung der Minenarbeiter betrug ungefähr 45 Jahre.« Dass die »Kumpel« für die damalige Zeit so gehegt wurden, lag natürlich daran, dass es ihnen oblag, den Reichtum der Mächtigen zu mehren. Zehn Prozent des Ertrags gingen an den Herrscher von Ribeauvillé. Selbst eine eigene Gerichtsbarkeit gab es für die Minenarbeiter. Die Region – der elsäs-sische Sundgau und der Breisgau –, die zu Beginn des 16. Jahrhun-derts zu Vorderösterreich zählte, hatte nach einem Erlass von Kaiser Maximilian eigene Richter für die Bergwerke. Dabei ging es in erster Linie um rechtliche Belange und Verträge, die aus der Gewinnung der Rohstoffe und Mineralien hervorgingen. Aber auch sonst zähl-ten die Bergarbeiter zu einer eigenen, unabhängigen Körperschaft, die nicht der gewöhnlichen Rechtsprechung unterstellt war. »Im

Einstieg in die Unterwelt: »Tellure« bei Sainte-Marie-aux-Mines in den Vogesen.

16. Jahrhundert kamen die Arbeiter mit der Spitzhacke durchschnittlich rund fünf Zentimeter täglich voran. Damals arbeiteten schon rund 3500 Menschen im Bergwerk. Es gab eine Vielzahl von Berufen und Tätigkeiten rund um die Grube«, weiß der aus dem Ort stammende Macchinetti. Es gab die Wasserzieher, Steinklopfer, Grubenwagenläufer, Schmiede und diverse weitere Hilfsarbeiter rund um die frühe Montanindustrie auf elsässisch-lothringischem Terrain. Jeweils acht Spitzhacken, Hämmer und Meißel nahm eine Gruppe mit unter Tage. Einen für jede Stunde, danach war das Arbeitsgerät nicht mehr zu gebrauchen. Mit einer aus Wolle hergestellten Mütze und einer Lederschürze begaben sich die Arbeiter in den Stollen. Im 17. Jahrhundert wurde vornehmlich Kupfer für den Bau von Kanonen benötigt. Im 18. Jahrhundert erleichterte Schwarzpulver, im 19. Jahrhundert Dynamit das Fortkommen. »Aus einigen Zentimetern wurden dann mehrere Meter pro Tag. Durch die Sprengung war die Arbeit natürlich ungleich gefährlicher. Es gab viele tödliche Unfälle«, betont der Touristikprofi. Die Mine St. Jean Engelsbourg besteht aus verschiedenen Bergwerken und Stollen und weist ein Netz von mehr als vier Kilometern Länge auf – rund 200 Meter unter der Erde. 1937 endete die jahrhundertealte Tradition des Bergbaus im Silbertal schließlich. Der Berg war ausgebeutet, es gab nichts mehr zu holen. 2005 begann die Gemeinde mit dem Aufbau des Museums und der Aufbereitung des Bergwerks für Touristen. 2009 öffnete »Tellure«, das Zentrum zur Erforschung unterirdischer Welten, seine Pforten. Mit den Besucherzahlen ist Xavier Rustenholz, Direktor von »Tellure«, durchaus zufrieden. »Das Interesse an diesem regionalen Kulturgut ist groß. Natürlich hängt das auch mit dem Mysterium und der Magie zusammen, welche das Silber umgeben.«

Die Mine befindet sich zwischen St. Dié und Sélestat in den Vogesen. Öffnungszeiten: 29. März bis 11. November täglich von 10–18 Uhr, montags geschlossen. Eintritt: Erwachsene 12 Euro, Kinder bis 12 Jahre: 9 Euro, Gruppen jeweils 8 Euro. Führungen gibt es auch auf Deutsch. Für Museum und Kino stehen Audioguides auf Deutsch zur Verfügung. Mehr Infos im Internet: www.tellure.fr.

17   Zeitreise ins 19. Jahrhundert

Nördlich von Verdun existiert das größte Handwerkerdorf
Lothringens / Projekt lebt von Ehrenamtlichen

Jeden Sommer verwandelt sich ein kleiner Ort nördlich von Verdun
in das größte Handwerkerdorf Lothringens – und zwar zu Zeiten
Mitte des 19. Jahrhunderts. In Azannes scheint die Zeit praktisch
stehen geblieben zu sein. Überall herrscht emsiges Treiben: die Pa-
piermacherin schöpft Papier, die Hutmacherin entwirft neue Mo-
delle, der Korbmacher flicht Behältnisse aus Weidenholz, der Drucker
hantiert an einer Maschine wie zu Gutenbergs Zeiten, der Schmied
stellt die Beschläge für die Pferde her, die Waschfrauen mangeln
die Kleidung und, und, und. Rund 50 alte Handwerksberufe von
anno dazumal feiern in dem Dorf im Département Meuse eine Renaissance. Und natürlich sind alle fleißigen Handwerker stilecht in
der Tracht Lothringens, die vor gut 150 Jahren üblich war, geklei-
det. Allen voran Evelyne Fauquenot, die Direktorin des Vereins, der
das Dorf mitsamt der wundersamen Zeitreise vor gut 26 Jahren ins
Leben gerufen hat. Für jeden der Aktiven hat die freundliche Französin in dem blauen Hochzeitskleid nebst Samthaube von 1890
ein gutes Wort übrig. Schließlich wollen alle bei Laune gehalten
werden. Denn das größte Handwerkerdorf Lothringens basiert fest
auf bürgerschaftlichem Engagement. Etwa 100 Aktive aus der Gegend sind ehrenamtlich im »Village des Vieux Métiers« tätig. Getra-
gen wird das Projekt von einem Verein mit rund 400 Mitgliedern,
die nachfolgenden Generationen demonstrieren, wie mühselig ihre

Ein wichtiges Handwerk: die Hutmacherei.

Auch bei der mühseligen Arbeit mit der Wäsche kann man Spaß haben.

Vorfahren noch ihr Tageswerk verrichteten. »Wir möchten unseren Besuchern die Historie der Region vermitteln. Gerade für Kinder hat das einen zusätzlichen pädagogischen Effekt. Jeder kann hier zuschauen und zuweilen auch mitmachen«, sagt Evelyne Fauquenot, die im wirklichen Leben als Sozialpädagogin arbeitet. Gesagt, getan. Gerade hat eine Schulklasse aus Metz sich ins Waschhaus des Handwerkerdorfes begeben. Nur rumstehen ist nicht. Und in

So manches Buch kam aus dieser historischen Druckerpresse.

die Knie gehen muss man selbstverständlich auch, um die Wäsche
mühevoll im Wasser zu reinigen. Auffällig ist, wie liebevoll das
Handwerkerdorf auf rund 17 Hektar in Szene gesetzt wurde. Das hat
nichts von Disneyland oder aufgesetzter Kostümshow, sondern von
authentischer Atmosphäre des bäuerlichen Lebens Lothringens im
19. Jahrhundert. Die zahlreichen Gebäude sind aus dem Sandstein
der Region erstellt, zweckmäßig und schön anzuschauen. Ins Leben
gerufen wurde das Projekt einst von André Fauquenot, dem Vater
der Frau in dem blauen Hochzeitskleid. »Als wir damals angefangen
haben, war hier rein gar nichts. Wir haben das Gelände gekauft und
über die Jahre haben wir nach und nach die Gebäude erstellt und
schließlich mit Leben erfüllt«, erklärt der 69-Jährige. Die Bürger von
Azannes-et-Soumazannes und nicht zuletzt seine Familie, die ebenfalls bei dem Projekt aktiv mittut, hatte er mit seiner Begeisterung
für das historische Mitmachmuseum angesteckt. Einen weiteren
Aspekt nennt der Pensionär für die Dorfgründung. »Hier in dieser
Region haben so viele junge Menschen ihr Leben gelassen. Verdun
und seine blutige Geschichte sind nicht fern. Dies hier aber vereint
die Menschen. So hat die Bevölkerung damals auf dem Lande ge-
lebt – ob in Frankreich, Deutschland, Belgien oder anderswo. Das
ist unsere gemeinsame europäische Geschichte. Auch daran wollen
wir erinnern.« Zudem wäre es sehr schade, wenn die heutige Generation ganze Berufsstände nicht mehr kenne. »Das wäre ein großer
kultureller Verlust. Heute leben die Menschen oft von entfremde-
ter industrieller oder intellektueller Arbeit. Damals hatte die Bevölkerung noch einen direkten Bezug zur Natur und zu ihrer Hände

Papierschöpfen war noch echte manuelle Arbeit.

Arbeit. Sie lebten im Rhythmus der Jahreszeiten, pflegten enge Bande und übten natürlich enorm mühselige Tätigkeiten aus, um die gesamte Familie zu ernähren«, betont Evelyne Fauquenot. Viel Unterstützung von staatlicher Seite erfährt das historische Dorf im Département Meuse im Übrigen nicht. Die Subventionen von Département und Region seien gering. Von der EU bekomme man etwas Geld, aber in erster Linie lebe das Projekt von den Eintrittsgeldern der Besucher, die auf dem großräumigen Gelände einen ganzen Tag verbringen können, sowie vom Verkauf von Tarte, selbst gemachter Marmelade oder sonstigen Dingen aus der »production artisanale«, die im hauseigenen Hofladen offeriert werden. Im südlichen Elsass, genauer in Ungersheim bei Mulhouse, gibt es mit dem Écomusée ein ähnliches Projekt. Auch dort wird bäuerliches Leben nachgezeichnet. »Allerdings unterscheidet es sich von unserem. Deren Projekt ist kommerziell und wird vom Staat gefördert. Bei uns ist das anders. Unser Dorf lebt von der Passion und der engagierten Teilnahme unserer vielen Ehrenamtlichen«, erklärt die sympathische Direktorin des Handwerkerdorfes. Und jeden Sommer tummeln sich hier regelmäßig viele Besucher, die das zu schätzen wissen und die sich auf eine historische Zeitreise in ein Dorf in Lothringen begeben, das es so nie wieder geben wird.

Das Dorf öffnet jedes Jahr Anfang Mai seine Pforten – jeweils sonntags kann man dann den alten Handwerkskünstlern über die Schulter schauen. Es gibt auch diverse Festivitäten das ganze Jahr hindurch. Im Herbst schließt Azannes dann wieder seine Pforten. Eintritt: Erwachsene 6 Euro, 8- bis 15-Jährige 3 Euro, unter 8 Jahren gratis; Preiszuschlag bei besonderen Festen. Es gibt ein Restaurant auf dem Areal und ein pädagogisches Programm für Kinder. Das »village« liegt nördlich von Verdun, unweit der Grenze zu Belgien. Mehr Infos im Internet: www.vieuxmetiers.fr.

18 Sitzen wie ein König

Manufaktur in Liffol-le-Grand produziert Stühle im High-End-Bereich / Scheichs und Oligarchen zählen zum Kundenstamm

Was haben das Hôtel des Champs-Élysées in Paris, der Salon de Thé Ladurée in Tokio oder der Musiksalon des marokkanischen Königs gemeinsam? Sie alle haben ihr Mobiliar aus Liffol-le-Grand. Genauer von der Manufaktur Henryot & Cie. Seit 1867 werden in dem Ort im Département Vosges Tische, Sessel und vor allem Stühle produziert – und zwar ausschließlich im High-End-Bereich. Henryot ist die älteste noch existierende Manufaktur ihrer Art in Frankreich. Schon vom Ortsschild grüßt Liffol-le-Grand mit dem Slogan »Hauptstadt der Sitz- und Stilmöbel«. Denn neben Henryot & Cie gibt es in dem lothringischen Städtchen noch etliche weitere Kunsttischlereien, die zu den Größen der Branche zählen. Hier werden auf traditionelle Art Stilmöbel aus edlem Massivholz, Kirschbaum, Nussbaum oder Eiche hergestellt. Der Holzreichtum der Vogesenwälder macht es möglich. »Das hier sind Stühle für den König von Marokko, die gerade bearbeitet werden«, sagt François Maleval und deutet auf die Polsterer, welche dafür sorgen, dass die royalen Gesäße sanft gebettet

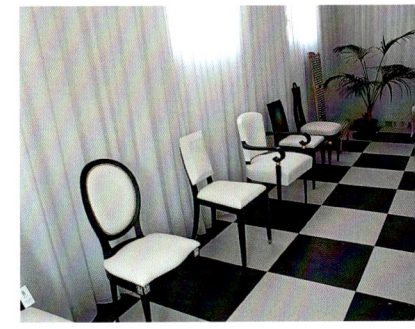

Muster zur Auswahl: ob Stuhl Louis Philippe oder Lous XIV, der Kunde hat die Qual der Wahl – auch, was den textilen Bezug betrifft.
Schon im Empfangsbereich hat man die Wahl in Sachen Sitzgelegenheit.

Polstern für den König: die Stühle werden für den Regenten von Marokko hergestellt.

werden. »Und schauen Sie hier, das Emblem. Es wurde alles vergoldet. Das ist reine Maßarbeit. Der Abgesandte des Königs wollte das genau so haben«, erklärt Maleval, während er durch die Werkstatt, die hier Atelier heißt, schreitet. Weiter hinten im Lager sieht man 60 eingeschweißte Stühle, ganz in blau, die demnächst in den Maghreb verschifft werden. Den König von Marokko wird es freuen. Zahlreiche gekrönte Häupter vertrauen auf die Qualität aus dem Hause Henryot. »Erst kürzlich war der Prinz von Thailand bei uns zu Gast, der uns ebenfalls beauftragt hat«, erklärt der Designer, dem der Enthusiasmus für seine Produkte durchaus anzumerken ist. Neben gekrönten Häuptern aus aller Welt gebe es viele Anfragen aus arabischen Ländern oder aus Russland. Konkret: der eine oder andere Oligarch, der das nötige Kleingeld besitzt, greift auch gerne mal auf die Designerstücke aus Liffol-le-Grand zurück. Vor allem produziere man jedoch für Frankreich und den europäischen Markt. Aus Deutschland halte sich die Nachfrage dagegen in Grenzen. Woran das liegt? François Maleval zuckt die Schultern. Möglicherweise sei der verschnörkelte Stil nicht der Geschmack der Deutschen, die wohl eher modernes und nüchternes Design favorisierten, vermutet er. Wer sich jedoch gerne auf Historisches setzt, der kann sich auf Stühle à la Louis-Philippe, Louis XIV, Napoleon, Restauration oder Empire niederlassen. Die Liebe von François Maleval gilt jedoch eher den Epochen des Art déco und des Jugendstils. Er verweist auf etliche Exemplare im hauseigenen Museum. Aber natürlich versuche man, Tradition und Moderne jederzeit miteinander zu kombinieren. Der Designer, der sich selbst Stylist nennt, geht zu einem altertümlich wirkenden Schreibtisch. Schon fährt aus dem Inneren des edlen Gehölzes ein Computer der Marke Apple wie aus dem Nichts nach oben. »Wir verschließen uns auch modernen Medien und Ausdrucksformen nicht. Das hier ist Teil dieser Transformation«, meint der junge Mann. Überhaupt, wer sich für Holz, Design und seine Spielarten interessiert, der kommt aus dem Staunen nicht so schnell heraus. Im Museum und Showroom sind Sitzgelegenheiten etlicher Epochen zu entdecken, darunter naturgemäß manch unkonventionelles Stück. Ein Stuhl, der am Absatz das

Schuhwerk der Tracht eines Lothringer Bauernmädchens darstellt oder ein weißer Prachtsessel mit iPad-Funktion, der für rund 26 000 Euro zu haben ist. Rund 70 Menschen arbeiten bei Henryot & Cie. Zahlreiche Gewerke sind vertreten – Tischler, Näherinnen, Zimmermänner, Lackierer, Polsterer, etc. Stolz ist man, dass man zwei der besten Kunsttischler in ganz Frankreich in dem Städtchen unweit von Neufchâteau beschäftigt. »Es geht um das alte Wissen.

Schon das Ortsschild des Vogesenörtchens weist auf die Hauptstadt der Sitz- und Stilmöbel hin.

Handwerkskunst ist die Basis von allem. Dann kommen unsere Designer und Stylisten ins Spiel, welche die Aufträge unserer Kunden entsprechend übersetzen«, erläutert François Maleval, der ursprünglich aus der Gegend von Le Mans stammt und in Paris studiert hat. In jedem Falle scheint er jeden der Mitarbeiter gut zu kennen. Mit jedem hält er einen kleinen Plausch und erklärt die Schritte, die nötig sind, um einen Stuhl in höchster Qualität zu produzieren. Warum eigentlich Holz? Man hat den Eindruck, der kreative Kopf könnte auch allerlei anderes erschaffen? »Das ist ganz einfach. Sicher, Mode könnte ich ja auch entwerfen, beispielsweise. Aber so ein Stuhl ist für die Ewigkeit. Das ist keine textile Mode, die ein Jahr später wieder Geschichte ist. Zudem spielt bei so einem Objekt derart viel mit. Die verschiedenen Kunstepochen, Innenarchitektur, das Material Holz. Wir arbeiten mit Designern wie Philippe Starck zusammen. Für mich ist das alles ein Quell der Inspiration«, meint er, während er durch die Werkstatt eilt, wo an allen Ecken und Enden gedreht, geschnitzt oder lackiert wird. Auch wenn Liffol-le-Grand als Holz verarbeitende Gemeinde in den vergangenen Jahrhunderten sicher bessere Zeiten gesehen hat, die Edelmanufakturen sind noch immer gut im Geschäft. Restaurants, Hotels oder Privatgemächer in Dubai, Moskau oder Paris wollen schließlich eingerichtet werden.

Liffol-le-Grand liegt südlich von Neufchâteau. Das Museum von Henryot & Cie (23, rue du Gué) hat ganzjährig von Montag bis Freitag von 10–12 Uhr sowie von 14–17 Uhr geöffnet. Gruppenanmeldung möglich. Im Showroom gibt es erstaunlicherweise auch Einzelstücke für rund 100 Euro. Infos im Internet: www.henryot-cie.fr.

19 Reise zum Mittelpunkt der Erde

Geologiezentrum in den Vogesen mit drittgrößtem Quarz in Frankreich / 3,8 Milliarden Jahre alter Meteor in der Ausstellung

Jean-Paul Gremilliet hat allerhand zu erzählen. Schließlich hat die Firma seines Vaters, die er später ebenfalls leitete, einst Granit in großem Stil abgebaut. 1930 führte das Unternehmen die erste elektrische Schneidemaschine für Granit in ganz Frankreich ein und war Pionier auf diesem Sektor weit über die Vogesen hinaus. Doch das ist längst Geschichte. »Ursprünglich wurde unser Verein gegründet, um sich für den Erhalt und das Erbe der Granitindustrie, die hier so lange Zeit eine große Rolle gespielt hat, stark zu machen. Wir restaurieren und präsentieren die Maschinen, die früher zur Ausbeutung von Granit benutzt wurden«, erklärt der Franzose, während er durch eine rekonstruierte Schmiede führt. Sein Museum in Le Syndicat – zwischen Épinal und Munster gelegen – erinnert daran mit zahlreichen Exponaten. Aber das ist nur ein Teil des Geologiezentrums. Imposant ist auch die große Mineraliensammlung, die keinen Vergleich zu großen staatlichen Museen zu scheuen braucht. Riesige Malachiten oder Amethysten in allerhand schillernden Farben und Formen beeindrucken den Betrachter im geologischen Zentrum »Terrae Genesis«. So ist unter anderem der drittgrößte in Frankreich ausgestellte Quarz, der ursprünglich aus Brasilien stammt, dort zu bewundern. Stolz ist der 60-Jährige auch auf einen faustgroßen Meteoriten, der vor sage und schreibe 3,8 Milliarden Jahren auf die Erde prallte und zu den ältesten Gesteinen der Welt zählt. Selbst der Fußabdruck eines Dinosauriers – etwa 245 Millionen Jahre alt

Jean-Paul Gremilliet mit dem drittgrößten in Frankreich ausgestellten Quarz in seinem Museum »Terrae Genesis« in Le Syndicat.

– findet sich in einem Sandsteinabdruck des Vogesenmassivs. »Ich habe mich eigentlich schon seit jeher für Mineralogie, Fossilien und Paläontologie interessiert. Für mich war das immer ein großes Abenteuer. Aber letztlich ist es ja nicht nur das – es ist schlicht die Geschichte unserer Erde«, betont Jean-Paul Gremilliet, der viel Zeit und Energie in sein ehrgeiziges Projekt steckt – und nicht zuletzt sehr viel Geld. Denn viel staatliche Unterstützung bekommt er nicht. Der Großteil der Summe zum Erhalt des Museums wird über Eintrittsgelder, Spenden und die Aktivitäten des Fördervereins generiert. Eine große Mineraliensammlung kaufte er vor einigen Jahren einem Pfarrer aus dem benachbarten Géradmer ab, der in den Ruhe-

Ein Meteorit, der schlappe 3,8 Milliarden Jahre auf dem Buckel hat.

stand ging – ebenfalls finanziert aus seiner privaten Schatulle. Der Wunsch des Geistlichen war es, dass seine immense Kollektion der Öffentlichkeit zugänglich gemacht wird. Bei Gremilliet rannte er damit offene Türen ein. Und in dem Geologiezentrum im Département

Beeindruckend: ein grüner Malachit aus Zaire.

tement Vosges, das auch ein wissenschaftliches Labor aufweist, lassen sich die zahlreichen Mineralien nun in beachtlichen Dimensionen allesamt bewundern. Zahlreiche Schülergruppen und Geologiestudenten aus Frankreich besuchen das Museum nebst Forschungszentrum, das auch immer wieder Kolloquien zur Erdgeschichte anbietet, über das ganze Jahr hindurch neben den Touristen. Stolz ist der 60-Jährige auch darüber, dass er eine der größten Schwarzlichtanlagen Europas im Haus hat. So werden die Quarze oder Malachiten noch besser ins rechte Licht gerückt. Fluoreszierende Mineralien brechen sich dort in bizarren Farbspielen.

Das Geologiezentrum »Terrae Genesis« befindet sich in Le Syndicat, 28, rue de la Gare Pécavillers, bei St. Amé (liegt zwischen Épinal und Munster). Öffnungszeiten täglich von 14–18 Uhr; montags und samstags geschlossen. Eintritt: Erwachsene 5,50 Euro, Kinder von 10 bis 18 Jahren 3,50 Euro, unter 10 Jahren gratis. Alles Wissenswerte im Internet: www. terraegenesis.org. ☎ 00 33 / 329 26 58 10. Gruppenführungen möglich.

Poesie aus Kakao, Zimt und Vanille
Daniel Rebert zählt zu den besten Chocolatiers Frankreichs /
In Wissembourg teilt er seine Geheimnisse mit anderen

Für manchen ist es sicher ein Paradies – das Reich von Daniel Rebert. Der gebürtige Elsässer ist Chocolatier, ein Schokoladenmacher also, und einer der besten seiner Zunft. Laut des renommierten Gastro- führers Gault et Millau zählt er zu den 40 besten Chocolatiers Frank- reichs. Und die Patisserie Rebert in Wissembourg wird frequentiert von Schokoliebhabern aus aller Herren Länder.

Seit einiger Zeit bietet der Meister der kleinen Sünden an der grenz- überschreitenden Pamina-Volkshochschule Wissembourg / Karlsruhe sogar einführende Kurse im »Schokolade machen« an. »Wir wollen Deutsche und Franzosen zusammenbringen. Das läuft nicht nur kulinarisch, aber da natürlich ganz besonders gut«, erklärt Dr. Ste- fan Woltersdorff, Direktor an der deutsch-französischen Volkshoch- schule in Wissembourg. Eine gute Nachricht hat Chocolatier Rebert im Übrigen vorneweg: »Von guter Schokolade wird man nicht dick«, meint er und lächelt. Er muss es wissen, denn obwohl er seine hoch- wertige Ware naturgemäß ständig probieren muss, bringt der ge- lernte Konditor kaum ein Pfund zu viel auf die Waage. Und: Wenn er über seine schokoladigen Kreationen spricht, die den Gaumen zum Schmelzen bringen, gerät der freundliche Mann mit der Kochhaube ins Schwärmen. »Es geht darum, der Schokolade auf ganz sanfte

Herrscher über Schokokreationen: Daniel Rebert von der gleichnamigen Patisserie im nordelsässischen Wissembourg.

Art und Weise Geschmack zu verleihen. Es muss ein Traum werden. Wir hauchen der Schokolade eine Seele ein.« Damit die Poesie aus Zimt, Vanille und Schokolade auch wirklich zu einem Gedicht wird, nutzt Rebert ausschließlich Kakaobohnen feinster Qualität. »Die Kakaobohnen sind natürlich ganz entscheidend. Wir nehmen diese hauptsächlich aus Trinidad oder Madagaskar. Das garantiert uns die Basis für sehr hochwertige Produkte.«

Die Kunden danken es ihm – die Patisserie Rebert hat längst eine Reputation, die über das Elsass hinausgeht. Auch Kollegen aus Japan oder Marokko führt Rebert gelegentlich in die geheime Welt des Schokolademachens ein. Warum die Profession des Chocolatiers in der Bundesrepublik nicht so verbreitet ist wie jenseits des Rheins, darüber muss Rebert nicht allzu lange grübeln. »Das liegt wohl an der stark ausgeprägten gastronomischen Kultur in Frankreich – und da machen eben auch Desserts keine Ausnahme. Bei uns sind Spitzenköche richtige Popstars, Chocolatiers ebenfalls«; in Deutschland eher nicht, denn hier werde vor allem industriell hergestellte Schokolade von minderer Qualität goutiert, weiß der Experte aus dem Nordelsass. Deshalb kommen eben viele Schokoliebhaber aus der Pfalz, Baden oder dem Saarland in das beschauliche Städtchen im Elsass, um seine neuesten Kreationen zu probieren. Der 51-Jährige setzt nämlich auch gerne mal auf ungewöhnliche Geschmacksvarianten, um seinen Pralinen oder Marzipankugeln den besonderen Kick zu

In seiner Küche werden Aspiranten in die Geheimnisse des Schokolademachens eingeweiht.

verleihen. Der Phantasie seien da keine Grenzen gesetzt, wie der Kakao-Bocuse freimütig zugibt. Und wer einmal die heiligen Hallen der Patisserie Rebert durchschritten hat, der weiß ziemlich genau, was er meint. Schokolade in allen erdenklichen Formen und Geschmacksvariationen soweit das Auge reicht. Düfte von Zimt und Mandeln umnebeln im Nu die Sinne.

Gelernt hat Daniel Rebert sein Chocolatier-Handwerk einst in Paris, ehe er 1987 ins heimische Elsass zurückkehrte, um den elterlichen Betrieb zu übernehmen. »Dieses Handwerk ist eben meine Berufung. Mir blieb eigentlich gar nichts anderes übrig«, sagt der Mann mit der Kochhaube fröhlich und widmet sich wieder seiner »production artisanale« im idyllischen Wissembourg.

Die Chocolaterie Daniel Rebert befindet sich an zentralem Platz im pittoresken Touristenörtchen Wissembourg im Nordelsass (7, Place du Marché aux Choux, ☎ 00 33 / 388 94 01 66, www.rebert.fr). Die VHS-Kurse finden in unregelmäßigen Abständen an der VHS Wissembourg / Karlsruhe statt. Informationen hierzu und zu zahlreichen weiteren Seminaren der transnationalen Pamina-VHS gibt es im Internet unter www.up-pamina-vhs.org oder per ☎ 00 33 / 388 94 95 64.

Auch viele leckere Törtchen locken in das Ladengeschäft in Wissembourg.

21 Der Mann und die alte Ölmühle

In den Nordvogesen wird Tradition in fünfter Generation fortgesetzt / Imposante Mahlsteine tun ihren Dienst / Walnussöl höchster Qualität

Seit 1827 tut sie bereits ihren Dienst – die alte Ölmühle von Lembach-Pfaffenbronn im Nordelsass. Chretien Jaming betreibt sie bereits in der fünften Generation, und schon beim Betreten des dunklen Mühlraums mit dem markanten Kopfsteinpflaster fühlt man sich unwillkürlich in eine andere Zeit zurückversetzt. »Früher sind hier noch die Pferde im Kreis gelaufen, um die großen Mahlsteine zu bewegen. Bis vor dem Krieg war das noch so. Heutzutage benutzen wir natürlich Motoren«, erklärt Jaming, während er Walnüsse im Becken des Mühlsteins verteilt, fast entschuldigend.

Die beiden imposanten Mahlsteine – aus dem Sandstein der Vogesen gehauen – wiegen jeweils eine Tonne. Langsam arbeiten sie sich über die zerquetschten Walnüsse hinweg und bilden einen leichten Film auf dem alten Stein. Das außergewöhnliche Aroma des Walnussöls, das Chretien Jaming und sein Neffe Jean-Georges in akribischer Handarbeit zubereiten, hat sich weit über die Grenzen der Nordvogesen herumgesprochen. »Unsere Kundschaft kommt

Echte Handarbeit: Der Elsässer Chretien Jaming produziert schmackhaftes Walnussöl wie seine Vorväter.

aus der Pfalz, dem Saarland, Baden oder der Region Straßburg. Es gibt ja nicht mehr so viele, die noch manuell ein derartiges Speiseöl herstellen«, teilt der Landwirt mit. Selbst aus Belgien oder Luxemburg hat er Kundschaft. Auch mancher Küchenchef aus der Region vertraut auf das kalt gepresste Öl aus den Vogesen.

Nach der Prozedur mit den Mahlsteinen wird die Walnussmasse auf 30 bis 40 Grad erwärmt. Mehr nicht. Anschließend wird diese erneut mittels einer weiteren Maschine »hydraulisch kalt gepresst«. 24 Tonnen wirken dann auf die Masse, die zuvor in Leinentücher gepackt wurde. »Für mich ist es einfach schön, diese alte Tradition unserer Region und der Familie fortzuführen. Man benötigt dafür ein gutes Auge, viel Gefühl und Erfahrung. Es ist echte Handarbeit und man bekommt natürlich ein qualitätshaltiges Produkt. Es gibt etliche Leute, die das noch zu schätzen wissen. Gott sei Dank«, sagt Chretien Jaming, der auf seinem Hof in den Vogesen – zwischen Bitche und Wissembourg gelegen – zudem als Imker arbeitet.

Vor rund 30 Jahren hatte er noch mit seinem Vater die alte Ölmühle restauriert und die hölzernen Zahnräder erneuert. Ansonsten tut das Mahlwerk aus Sandstein seinen Dienst noch genauso wie vor über 185 Jahren. Die Feinschmecker, die ihre Walnüsse abliefern, um später eine Flasche mit feinstem Öl für Salatsoßen, Marinaden oder Pesto zu erhalten, können bei der ganzen Prozedur im Übrigen zuschauen. Etwa eine Stunde dauert es, bis rund 20 Kilogramm Wal- oder Haselnüsse flüssig gepresst in einer Dreiviertelliterflasche enden. »Es hängt viel von der Qualität der Nüsse ab. Gute Qualität erkenne ich sofort«, sagt der bescheidene Mann aus Lembach, der hinzufügt, »dass bei dem Naturprodukt kein Öl wie das andere schmeckt«. Und auch die Kühe des Hofs im Ortsteil Pfaffenbronn kommen nach dem Mühlvorgang zu ihrem Recht. Sie dürfen die hart getrocknete Teigmasse, den Nusskuchen, der nach der Pressung übrig bleibt, anschließend in aller Ruhe genießen. Da hat dann jeder was davon.

Der Hof von Chretien Jaming liegt im Lembacher Ortsteil Pfaffenbronn, 13, rue Principale. Am Haus ist ein großes Schild angebracht. Führungen und Walnussöl-Produktion finden nach Voranmeldung statt (☎ 00 33 / 388 94 24 23 oder 06 20 21 15 40), aber auch spontane Besuche sind möglich. Auch selbst gemachter Honig und Rapsöl werden von den Jamings, die Deutsch sprechen, veräußert.

Bierliebhaber aus der Europametropole

Raphael Stoll bietet rund 400 Biersorten an / Exotisches, Obskures oder Hochprozentiges in Straßburger Spezialgeschäft

Raphael Stoll ist die Freude anzumerken, wenn er über den dunklen Gerstensaft doziert. Das hat auch seinen Grund. Der Elsässer verkauft in seinem Geschäft »Malt & Houblon« (dt. Malz & Hopfen) in der Straßburger Innenstadt nämlich rund 400 Biersorten an Kunden aus aller Welt. Und selbstverständlich hat er als guter Geschäftsmann all das schon einmal gekostet, was er an seine Klientel weiterveräußert. »Hier, das ist das stärkste Bier der Welt«, sagt der 38-Jährige und zieht eine schlanke Flasche Samichlaus-Bier aus dem österreichischen Eggenberg aus dem Regal. Über 14 Prozent Alkohol und das Etikett »The strongest Lager beer in the world« machen deutlich, wohin die Reise geht.

Allerlei Exotisches tummelt sich offensichtlich in der Schatzkammer für Bierfreunde in Straßburg. Beispielsweise Polar-Bier mit einem schneeweißen Eisbär als Blickfänger auf der Flasche. Woher das stammt? Mitnichten aus Grönland oder sonstigen arktischen Gefilden. »Das wird in Venezuela gebraut«, erklärt Raphael Stoll. Die Bierboutique in der Europastadt ist eben für manche Überraschung gut. Eine wahre Fundgrube an exotischen Geschmäckern ist bekanntlich Gerstensaft aus Belgien. Biere mit Geschmacksnoten in allerlei erdenklichen Fruchtsorten sind dort zu haben. »Erdbeerbier, Apfelbier, Zwetschgenbier – haben wir alles da«, betont der Inhaber, der das Geschäft vor rund zehn Jahren eröffnete und früher in der Gastronomie gearbeitet hat. Schon immer sei er ein echter Bierliebhaber gewesen, während das übrige Frankreich bekanntlich eher dem Rebensaft frönt. Das Elsass sei da allerdings schon immer eine glorrei-

»Malz und Hopfen« heißt das kleine Geschäft von Raphael Stoll in der Straßburger Innenstadt. Der Name ist Programm.

che Ausnahme gewesen. »Wir haben hier eine große Brauereitradition. Bekannte Brauereien wie Kronenbourg oder die letzte große Familienbrauerei Meteor im Elsass haben hier ihr Zuhause. Und in den letzten Jahren sind viele kleine Hausbrauereien wie Pilze aus dem Boden geschossen. Das sind handwerklich fein gemachte, meist unfiltrierte Biere. Fast siebzig Prozent des französischen Bieres werden im Elsass gebraut«, weiß Stoll. Microbrasserien wie Marienthal oder Uberach im Nordelsass fänden immer mehr Liebhaber. Besonders beliebt bei seiner Kundschaft sind neben den belgischen Bieren eben der Gerstensaft kleiner Brauereien aus dem Elsass und Lothringen oder bayerisches Weizenbier, sagt der Fachmann aus der Europastadt. Natürlich ist auch Bier beispielsweise aus China, Russland oder aus Brasilien bei ihm zu bekommen. Gerade die Touristen, welche die Münsterstadt besuchen, würden dies gerne als Souvenir mitnehmen. Raphael Stolls Liebe gehört jedoch eher den kleinen, aber feinen Brauereien mit obskuren Angeboten: Morbraz aus der Bretagne beispielsweise, die ihr Getränk mit Salzwasser aus dem Meer veredelt, oder einer flämischen Marke, die Bier wie Champagner keltert und in ebensolchen Flaschen verkauft. »Die haben dafür schon mächtig Ärger mit der Champagner-Lobby bekommen. Es werden sogar Jahresdaten auf das Etikett gedruckt. Je älter das Bier ist, umso besser wird es. Eben wie ein alter Wein. Es gibt nichts, was es nicht gibt«, meint Raphael Stoll augenzwinkernd. Er verkauft auch Brauerei-Memorabilien und Biergläser in allerlei erdenklichen Formen.

»Malt & Houblon« findet man in Straßburg in der 19, rue d'Austerlitz, im Zentrum, unweit des Münsters zu den üblichen Öffnungszeiten. ☎ 0033/388369290. Wer sich für Bier aus dem Elsass und darüber hinaus interessiert, ist bei der Spezialmesse »Mondial de la bière« auf dem Wacken-Areal in Strasbourg richtig. Die Messe findet jeweils Ende Oktober statt.

23 Bonbons nach alter Väter Sitte

Traditionelles Konfekt aus den Vogesen ist äußerst populär /
Manuelle Arbeitsweise wie damals

Damien Persom strahlt über das ganze Gesicht. »Ich liebe Bonbons über alles. Das geht doch jedem so, denke ich mal. Egal, ob jung oder alt. Genau deshalb bin ich hier am richtigen Platz«, meint der gelernte Konditor grinsend. Der 32-Jährige ist bei der Confiserie des Hautes-Vosges (CDHV) in Plainfaing angestellt. Hier, einige Kilometer südlich von St. Dié, werden Süßigkeiten hergestellt, die den Zahnschmelz auf die wohl denkbar härteste Probe stellen. Jeder Dentalbewusste würde aus der kleinen Manufaktur wohl schreiend Reißaus nehmen, wären die liebevoll abgepackten Bonbons in allerlei Farben und Variationen nicht so unglaublich verlockend.

Üppig gezuckerte, goldgelb oder tannengrün schimmernde Zahnschocker für die Naschkatzen aus nah und fern. Überall duftet es im schmuck eingerichteten Verkaufsladen und der Produktion nach Tannenhonig, frisch gerösteten Mandeln, Karamell oder Vanille. Auf zwei Dinge legt die Inhaberfamilie Claudepierre besonderen Wert. Einmal auf die lange Tradition sowie auf die manuelle Arbeitsweise des Familienbetriebs. Fließbänder oder hochtechnische Apparaturen sucht man in der Fabrik im Département Vosges vergebens. Fast scheint es so, als wäre hier die Zeit stehen geblieben. Riesige Kupferkessel brüten hier noch über echtem Feuer. So werden die Bonbons wie nach alter Väter Sitte von den Mitarbeitern produziert.

Ein Dorado für Naschkatzen: die Confiserie des Hautes-Vosges in Plainfaing.

Die heiße Masse wird auf einem Tisch ausgebreitet und geknetet.

Aus der vorbereiteten Masse werden die Bonbons noch tatsächlich einzeln herausgebrochen und in Tüten verpackt.

Allerlei altertümlich anmutendes Gerät steht dem 23-Mannbetrieb, in dem hauptsächlich Frauen arbeiten, dafür zur Verfügung. Die Confiserie in Plainfaing wurde zwar erst Mitte der 1980er Jahre gegründet, ihre Historie reicht jedoch weit länger zurück. So kann das Unternehmen auf die Fabrikationsgeheimnisse der Bonbonfabrik »Images d'Épinal« zurückgreifen, die kurz nach dem Zweiten Weltkrieg mit ihrer Produktion begann. Für ihre gute Qualität wurden die Lothringer mehrfach ausgezeichnet. Den »Goldenen Merkur des Handels« erhielten die »Bonboniers« ebenso wie eine Belobigung der Region Lothringen oder die Bronzemedaille des Tourismusamtes des Départements.

In dem »süßen Dorado« können Naschkatzen aus über 30 Bonbonsorten auswählen. Vor allem das Konfekt mit dem für die Vogesen bekannten Geschmack von Blaubeeren, Himbeeren, Veilchen oder Klatschmohn ist populär. Auch Süßigkeiten mit dem Geschmack der Bergamotte de Nancy zählen zu den Verkaufsschlagern. Besonders beliebt sind die Dragées mit Tannenhonig. Der Grund: »Der Tannenhonig aus unserer Gegend gilt als der beste in ganz Frankreich. Wir haben hier außerdem echte Wildkräuter und Alpenblumen quasi direkt vor unserer Haustür. Natürliche Zutaten sind für unser Produkt ganz wichtig. Deshalb sind wir hier bestens präpariert«, so Konditor Damien Persom.

Manuell werden die Bonbons in Einzelstücke gebrochen.

Er erklärt den Produktionsvorgang: »Der Zucker wird zunächst in das Wasser geschüttet, das sich in den beheizten Kupferkesseln befindet. Dann wird Glukosesirup hinzugefügt. Wasser, Zucker sowie Glukosesirup und natürlich das entsprechende Aroma, das man wünscht, sind die Basiselemente. Viel mehr braucht man nicht. Aber natürlich haben wir noch das eine oder andere Betriebsgeheimnis«, sagt der 32-Jährige in dem weißen Kittel, der seit rund zehn Jahren bei der Confiserie arbeitet, wissend. Auf 145 Grad wird die Masse erhitzt und anschließend auf einen Tisch gegossen, der mit einem Wasserröhrensystem erwärmt wird. Danach wird das ausgewählte Aroma eingearbeitet und die Masse mit blo-

Auch die Verpackung ist natürlich Handarbeit.

ßen Händen geformt und anschließend abgekühlt. Beliebt sind auch die gebrannten Mandeln, die in großen Kupfertrommeln gebrannt werden. Auf großen Edelstahltischen werden sie ausgebreitet, dort lässt man sie ebenfalls erkalten. Kurz darauf werden sie einzeln in schmucke Säckchen geschnürt oder wie die Eukalyptusbonbons in historisch aufgemachte Dosen verpackt, die wie Emaillewerbung der Jahrhundertwende anmuten. In Fachgeschäften, auf Märkten oder bei Chocolatiers werden die süßen Köstlichkeiten unter anderem in Metz, Nancy, Colmar, Straßburg oder Obernai feilgeboten. Auch nach England oder Deutschland werden die handgemachten Bonbons aus den Hochvogesen verschickt.

Großen Wert wird bei dem Kleinunternehmen auf Qualität gelegt. Neben den Naturaromen vor Ort kommen die Mandeln aus Spanien und Argentinien, die Bergamotten aus Sizilien, der Zucker aus dem Elsass. Das Hauptgeschäft macht die Familie Claudepierre naturgemäß in der Weihnachtszeit. »Wir sind ein zertifizierter Betrieb, der sich auf regionale Produkte spezialisiert hat. Wie wir nach alter Tradition Bonbons herstellen, ist sehr speziell. Das bürgt für einen außergewöhnlichen Geschmack. Vermutlich sind unsere Bonbons deshalb so beliebt«, vermutet Damien Persom und strahlt erneut.

Die Confiserie des Hautes-Vosges im lothringischen Plainfaing liegt zwischen St. Dié-des-Vosges und Colmar. Einzelführungen gibt es täglich zwischen 10–12 Uhr und von 14–18 Uhr (außer an Sonn- und Feiertagen). Im schmuck hergerichteten Verkaufsladen gibt es neben einer unendlich scheinenden Auswahl von Bonbons und Konfekt auch ein kleines Museum zum Thema. Mehr Infos auch im Internet: www.cdhv.fr.

24 Die Trüffelbruderschaft

*Statt Schweine erschnüffeln Hunde Lothringens »schwarze
Diamanten« / Im Mittelalter waren Trüffel Massenware*

Michel Garzandat zeigt mit ausladender Geste auf sein Reich. Auf
rund vier Hektar reiht sich dort Haselnussbaum an Haselnussbaum.
Seit 1990 bewirtschaftet der mittlerweile pensionierte Lebensmittel-
kontrolleur das Areal, auf dem Trüffel besonders gut gedeihen. Die
Truffière in Saint-Remy-la-Calonne im Osten Frankreichs ist bekannt
für ihre gute Ausbeute an »schwarzen Diamanten«, wie der aromatische Luxuspilz gerne auch genannt wird. Im Jahr erntet Garzandat
rund 150 Kilo Trüffel – ein einträgliches Geschäft.

Wem er den monetären Zugewinn zu verdanken hat, weiß der
75-jährige Franzose nur allzu gut und tätschelt seinem Yorkshireterrier Tino liebevoll das Fell. Der zweijährige Vierbeiner ist ein
Trüffelhund par excellence. Er wirbelt während der Trüffelsuche
geradezu von Baum zu Baum, um eine der kostbaren Knollen nach
der anderen knapp unter dem Erdreich zu entdecken. Der Korb
füllt sich zusehends. Früher hatte man auch Schweine zur Trüffelsuche genutzt, aber die fraßen die aromatischen Pilze lieber selber
auf, statt sie dem Herrchen zu überlassen. Diese Gefahr besteht bei
Garzandats Hunden nicht. Denn das Geheimnis des Trüffels heißt
bei Tino schlicht Gruyère. Den Schweizer Käse bekommt der kleine
Hund bei jedem Fund als Lohn – und Garzandat hat immer reichlich Leckerli bei der Trüffelsuche dabei. Im Übrigen: Die Hunde für
die Suche zu trainieren, sei eine Wissenschaft für sich. Das Konzept
des Pensionärs lautet: »Wichtig ist, dass man Hunde nimmt, die
nicht älter als zwei Jahre sind, da bei ihnen der Spieltrieb noch stark
ausgeprägt ist. Zunächst habe ich einen Ball mit Käse präpariert,
später dann die Trüffeln mit Käse vermengt. Für den Hund ist das
Spiel. Er assoziiert den Trüffel mit Käse.« Und in der Tat, der freche
Bello kann gar nicht genug von seinem Spiel bekommen. Bis zu vier
Stunden kann das am Stück gehen – sehr zur Freude seines Patrons,
der ihn einst aus dem Tierheim holte. Allerdings macht ein guter
Trüffelhund noch längst keinen entsprechenden Ertrag, wenn die
Grundvoraussetzungen nicht stimmen. Der Mann aus dem Département Meuse benötigte etliche Jahre, viel Geld und eine Engels-
geduld, um die richtige Komposition für sein Trüffelareal zu finden.
Speziell Kalkböden, wo einst Weinbau betrieben wurde, eignen sich
für einen Trüffelhain. Nuss- oder Kastanienbäume, deren Wurzeln
zuvor mit Trüffelsporen behandelt wurden, bieten die besten Vor-

Jacky Haim, Chef der Lothringer Trüffelbruderschaft, liebt den edlen Pilz.

aussetzungen – sind allerdings noch längst keine Gewähr, um später einen Goldesel zu melken. »Wir haben unglaublich viel experimentiert. Mal hatten wir nicht die richtigen Trüffelsporen, mal machten uns Regenwürmer alles kaputt. Wer denkt, dass er mit einer Trüffelplantage ganz schnell reich wird, der irrt. Da muss schon Passion mit ins Spiel kommen.« Im Mittelalter haben die Menschen Trüffel im Übrigen wie heute Kartoffeln massenweise gegessen, weiß der Experte. »Die Kartoffel war noch nicht aus Amerika importiert und es gab hier unendlich viele Waldgebiete. Durch die Flurbereinigungen wurde viel Natur zerstört und so auch der Lebensraum der Trüffel.« Während um 1900 in Lothringen noch rund 200 Tonnen Trüffel geerntet wurden, ist es heutzutage nicht einmal mehr ein Viertel davon. Auf den Märkten in Metz oder Pont-à-Mousson wird die kostbare Ware von Oktober bis Dezember in stattlichen Größen

Michel Garzandat und seine fleißigen Yorkshireterrier.

angeboten. Vor allem an Restaurants der Region verkauft der Trüffelier seine aromatischen Pilze. Ein Meister seines Fachs ist auch Jacky Haim. Der Franzose ist Chef der »Lothringer Trüffelbruderschaft«. Der Küchenchef der »Auberge du Père Louis« in Houdelaincourt unweit von Nancy steht dabei keineswegs einem Geheimbund vor. Etliche Restaurants und Trüffelplantagen der Region haben sich vor einigen Jahren zusammengeschlossen, um für die Qualität des Lothringer Trüffels einzustehen, der so manches Menü veredelt. Was für Haim das Geheimnis des Trüffels letztlich ausmacht? »Es ist der einzigartige nussige, erdige Geschmack. Es ist eben ein außergewöhnliches Naturprodukt, das man nicht allzu oft findet«, doziert der Maître, der mit seinem Hund »wild« in den Lothringer Wäldern auf Suche geht, ohne einen eigenen Trüffelhain zu besitzen. Aber eines ist auch Jacky Haim wie seinem Kollegen Michel Garzandat bewusst: »Ohne meinen Hund – da wäre ich gar nichts«, sagt der Küchenchef und tätschelt zärtlich seinen Vierbeiner.

Die Trüffelzucht von Saint-Remy-la-Calonne (westlich von Metz, unweit der A4) kann von Anfang bis Ende Oktober (jedes Wochenende, 14.30 oder 16 Uhr) besucht werden. Erwachsene zahlen 14 Euro, Kinder 6 Euro. Die Führung mit dem Trüffelhund dauert 1,5 Stunden. Eine Kostprobe von Trüffeln ist inklusive. Zudem werden frische Trüffel verkauft. ☎ 0033/329 87 30 63, www.truffiere.org. Die Auberge du Père Louis in Houdelaincourt (westlich von Nancy) befindet sich in der 8, rue d'Abainville, Houdelaincourt, ☎ 0033/329 89 64 14, www.aubergeperelouis.free.fr.

25 Im Königreich der Mirabellen

In Lothringen werden 70 Prozent des Weltmarktes produziert / Klima und Kalkboden entscheidend für goldene Frucht

Für seine Mirabellen ist Lothringen in der ganzen Welt bekannt. Das Zentrum der gelben Frucht liegt in Rozelieures bei Lunéville. Und hier ist auch das einzige Museum zum Thema untergebracht, das »Maison de la Mirabelle«. In dem beschaulichen Dörfchen im Département Meurthe-et-Moselle erfährt man alles über die schmackhafte, goldfarbene Frucht und kann auch einen Blick in die Produktion und die Brennerei werfen. Betrieben wird das »Maison de la Mirabelle« von der Familie Grallet, die bereits in der fünften Generation das Geschäft mit der »gelben Zwetschge« (eine Unterart der Pflaumen) betreibt. Ursprünglich stammt die Mirabelle aus dem Nahen Osten, seit dem 15. Jahrhundert wird sie jedoch bereits in Lothringen angebaut. Geerntet wird sie von Mitte August bis Ende September mittels einer ausgefeilten Schütteltechnik. Rund 16 000 Tonnen werden pro Jahr auf rund 2000 Hektar geerntet und aus dem beschaulichen Landstrich in alle Welt exportiert. Etwa 25 Hektar davon mit rund 5000 Bäumen besitzt die Familie Grallet und produziert aus der goldenen Frucht Produkte in Hülle und Fülle. Natürlich Mirabellenschnaps, aber auch den ersten Whisky aus Lothringen, auf den die Grallets, die seit 1890 im Geschäft sind,

Schätzt die goldene Frucht und deren Vielfalt: Sabine Grallet Dupic vom größten Produzenten in Rozelieures.

Etliche Restaurants tragen die Mirabelle in ihrem Namen.

besonders stolz sind. Darüber hinaus gibt es Konfitüre, Sirup, Likör, Schokolade, Pastete, Essig und sogar Parfüm. Alles fraglos edle Produkte. Aber: »Am besten schmeckt mir die Mirabelle natur. Frisch vom Feld, direkt in den Mund. Sie hat einfach einen tollen Geschmack, sehr süß, einfach delikat«, erklärt Sabine Grallet Dupic lachend. Die Tochter von Hubert Grallet ist in dem Familienbetrieb westlich der Kristallstadt Baccarat für das Marketing zuständig. Sie hat auch eine Erklärung, warum die Mirabelle in Lorraine so gut gedeiht und geradezu zu einem Wahrzeichen der Region geworden ist. »Wir haben hier genau das richtige Klima. Viel Sonne, aber auch frostige Nächte. Hinzu kommt der besonders gut geeignete Kalkboden«, klärt die Lothringerin, die akzentfrei Deutsch spricht, über die Besonderheiten der Gegend auf, in der die Zeit fast stehen geblieben zu sein scheint. Weite Felder, viele Kühe und Pferde sowie pittoreske Dörfer. Lothringen ist der weltweit größte Mirabellenproduzent. Rund 70 Prozent aller geernteten Früchte stammen aus dem Osten Frankreichs. Regional vermarktet werden sie auf den Märkten in Épinal oder Bayon. Nur Steinfrüchte aus der Region werden mit dem Qualitätslabel »Mirabelles de Lorraine« zertifiziert. Auch der regionale Mirabellengeist besitzt als einziger in ganz Frankreich eine reglementierte

Herkunftsbezeichnung, die für seine Authentizität bürgt. »Die geschmacklichen Eigenschaften des Mirabellengeists aus Lothringen sind auf den bestens dafür geeigneten Boden zurückzuführen, auf dem die Früchte gedeihen«, betont Pierre Maucourt, Produzent aus Marieulles-Vezon. Auch er schreibt seinem Obstwasser Aromen zu, die dem harten Klima, der Beschaffenheit der Böden und der Sonneneinstrahlung zu verdanken sind. Schon seit jeher brennen zahlreiche Familien im Metzer Land ihren eigenen Mirabellenschnaps im eigenen kleinen Fässchen. Das Erbe wird meist innerhalb

Jedes Jahr wird in Metz die Mirabellenkönigin gekürt.

der Familie weitergegeben. Die Schnapsbrenner kümmern sich um alles: von den Pflanzungen bis hin zu den Verkostungen. Ob die Pflege der Obsthaine, die Ernte, die Destillation oder die Reifung – alles wird akribisch vorbereitet, um die Frucht am Ende in einen glasklaren Mirabellengeist zu verwandeln. Die handwerkliche Tradition ist den Produzenten in Lothringen enorm wichtig. »Manche sagen, wir sind Alchimisten oder sind als Kinder in den Kessel gefallen. Vielleicht ist da ja was dran. Jeder Destillateur hat sein spezielles Rezept und der Brand schmeckt daher immer einen Tick anders«, erklärt der Mann aus Moselle. Und wie der jeweils schmeckt, davon kann man sich in der Brennerei des »Maison de la Mirabelle« mit anschließender Verkostung ein Bild machen.

Mehr Infos (auch auf Deutsch) erhält man im Internet: www.maisondela-mirabelle.com. Das 160 Einwohner zählende Rozelieures liegt zwischen Baccarat und Bayon, südlich von Nancy. Das Mirabellenmuseum befindet sich direkt im Ortszentrum, 16, rue du Capitaine Durand, 54290 Rozelieures, ☎ 00 33 / 383 72 32 26. Öffnungszeiten: 1. Mai bis 30. September: Mo–Sa 9–11 Uhr und 13.30–17.30 Uhr, sonn- und feiertags 13.30–17.30 Uhr. 1. Oktober bis 30. April: Mo–Fr 9–11 Uhr und 13.30–17.30 Uhr, samstags, sonntags und an Feiertagen nur auf Anfrage. Gruppenführungen möglich.

Meteor hält sich wacker am Markt

*Letzte unabhängige Brasserie im Elsass / Familienbetrieb
mit Historie seit 1640*

Rund zwei Drittel des gesamten in Frankreich konsumierten Bieres wird im Elsass gebraut. Und dessen letzte unabhängige Brauerei in Familienhand ist die Meteor-Brauerei in Hochfelden. Rund 600 000 Hektoliter produziert das zwischen Straßbourg und Saverne ansässige Unternehmen mit seinen rund 200 Mitarbeitern pro Jahr. »Meteor steht für das Elsass. Das ist ein echtes Symbol. Wir sind schon sehr stolz darauf, hier der letzte Familienbetrieb zwischen den ganzen internationalen Großkonzernen in der Brauereiwelt zu sein. Wir setzen auf Qualität und Tradition, verschließen uns aber auch nicht aktuellen Trends«, sagt Angèle Voltz, Assistentin des Firmenchefs Michel Haag, der das Unternehmen seit über 30 Jahren leitet und gleichzeitig Präsident der elsässischen Bierbrauer ist.

Die Hochfeldener können in der Tat auf eine lange Historie in Sachen Gerstensaft zurückblicken. Die erste Bierproduktion, die schriftlich dokumentiert wurde, geht auf das Jahr 870 zurück. 1640 wurde in dem Örtchen die erste Brauerei von Jean Klein gegründet, dort, wo heute auch noch Meteor im Zentrum des Dorfes produziert. Im Jahre 1898 rief Louis Haag, Sohn eines Brauers aus Ingwiller, schließlich den Vorgänger der Brasserie, die 1925 in Meteor

Herzstück des Traditionsunternehmens: das Sudhaus mit Sudkessel.

Qualitätskontrolle wird bei der Brauerei Meteor in Hochfelden bei Saverne großgeschrieben.

benannt wurde, ins Leben. Zwei Jahre später brachte Haag dann das bekannte Meteor Pils auf den Markt und traf offensichtlich den Geschmack der Menschen im nördlichen Elsass und darüber hinaus. 1959 wurde das Sudhaus mit drei großen Sudkesseln aus Kupfer installiert, das nach wie vor in Betrieb ist.

Längst exportiert das Unternehmen sein Bier nach Italien, Spanien, England, in die Schweiz oder die USA. Übrigens: »Mit dem Namen Meteor hat es eigentlich gar keine große Bewandtnis auf sich«, erklärt Angéle Voltz und fügt hinzu: »Unsere Brauerei hat sich schon sehr früh internationalen Ansprüchen gestellt, daher musste ein Name her, der einprägsam ist und in allen Sprachen gleich ist. Deshalb eben Meteor«, betont sie, während sie die Produktionsabläufe im Gärkeller näher erläutert. Vornehmlich tschechischer und elsässischer Hopfen wird neben den Grundzutaten Malz, Wasser und Hefe verwandt. Für einen Hektoliter Bier seien rund 150 Gramm Hopfenkörner vonnöten. Im Gärkeller des Familienbetriebs existieren mehrere Tanks, die rund 3600 Hektoliter fassen, während in der Abfüllhalle 50 000 Flaschen pro Stunde gefüllt werden. Neben dem traditionsreichen Pils werden mittlerweile auch etliche Spezialbiere wie dunkles Malzbier, Weißbier, ein Klosterbräu (»Wendelinus«), Weihnachtsbier oder Biermischgetränke gebraut.

Für seinen Gerstensaft in den typischen, eher kleinen 0,25-Liter-Flaschen wurde Meteor in der Vergangenheit unter anderem mit dem

Im ganzen Elsass und darüber hinaus unterwegs – ein Transporter der 1640 gegründeten Traditionsbrauerei.

»Goldenen Lorbeer« ausgezeichnet. In jedem Falle möchte sich das traditionsreiche Unternehmen in dem 3000-Einwohner-Dörfchen im Département Bas-Rhin auch weiter den Erfordernissen des Marktes stellen und investierte in den vergangenen Jahren etliche Millionen Euro in die technischen Anlagen des Betriebs. »Wir müssen immer auf dem neuesten Stand sein, was die Technologie betrifft. Sonst hat man keine gute Basis«, betont die Assistentin des Firmenchefs. Seit dem Ersten Weltkrieg sind nämlich bereits mehr als 80 Brauereien in Ostfrankreich von der Bildfläche verschwunden. Meteor entzieht sich schon viele Jahrzehnte diesem Trend und möchte sein Segment mit Spezialbieren künftig weiter ausbauen.

Die Brasserie Meteor in Hochfelden, östlich von Saverne an der A 35 gelegen (Adresse: 6, rue du Général Lebocq), bietet auch Gruppenführungen durch die Brauerei an. Anschließende Bierprobe und Verkostung in der hauseigenen Brasserie sind natürlich inklusive. Anmeldungen unter ☎ 00 33 / 388 02 22 22. Mehr im Internet: www.brasserie-meteor.fr.

Nicht nur Herzog Stanislas schätzte die Madeleine / Lothringer Spezialität aus Commercy

Thierry Zins kennt die Zahl ganz genau. Sage und schreibe vier Millionen Madeleines produziert er mit seinem Familienbetrieb pro Jahr. Das goldgelbe Gebäck aus Sandmasse, das selbst in den Werken des Schriftstellers Marcel Proust Niederschlag fand, ist für den 42-jährigen gelernten Bäcker eine echte Herzensangelegenheit. Kurz nach dem Zweiten Weltkrieg begann sein Großvater mit der Produktion der lothringischen Spezialität, welche die Form einer Jakobsmuschel aufweist. Und heutzutage zählt der Patissier aus Commercy zu den wenigen in der Branche, die das Gebäck noch per Hand herstellen. »Ganz wichtig, bei uns läuft das alles manuell. Wir unterscheiden uns ganz einfach von den großen Industrieproduktionen.« Beliebt sind die Madeleines in ganz Frankreich. Ihr Gütesiegel erhalten sie jedoch nur, wenn sie aus ihrem Ur-

Chef Thierry Zins präsentiert stolz seine handgemachten Madeleines.

sprungsort Commercy stammen. Entstanden sein soll das Gebäck aus Rührteig um 1750 in den Küchen des französischen Herzogs und früheren polnischen Königs Stanislas. Von der herzoglichen Cuisine soll sie in die Küchen von Versailles gelangt sein. Die französische Königin ließ die Madeleines fortan ihren Gästen servieren. Nach dem Tode von Stanislas 1766 machte sich einer seiner Konditoren selbständig und ließ sich mitsamt dem Geheimrezept in Commercy nieder. Das kleine Städtchen, das zwischen Toul und Bar-le-Duc im Département Meuse liegt, durfte sich fortan Heimat der Madeleine nennen. Der Historie ist sich Thierry Zins durchaus bewusst. Um das vermeintlich geheime Rezept macht er jedoch wenig Aufhebens. So sind die Zutaten für die Köstlichkeit ohnehin recht simpel: Eier, Mehl, Milch, Butter, Zucker, Zitrone oder je nach Bedarf Butter-Vanille-Aroma. Der Lothringer präsentiert die Ingredienzen in seiner Bäckerei, die direkt vom Ladenlokal einsehbar ist. Jeder Kunde des kleinen Geschäfts am Ortseingang von Commercy kann ihm bei der Zubereitung über die Schulter schauen. Das Geheimnis des kulinarischen Erfolgs liegt wohl vielmehr in der Vielseitigkeit seiner Produkte. Schnell eilt er aus der Backstube in den schmucken Laden und präsentiert Madeleines mit Mirabellen, mit dunkler Schokolade, heller Schokolade, mit Kokosnuss, mit Orange, in Meringueform, mit Akazienhonig und, und, und. Das alles entsprechend dekoriert und drapiert, teilweise in altertümlich anmutenden Dosen verpackt. Das goldgelbe Gebäck macht Lust auf mehr. Allerdings: Wenn man betrachtet, wie viel Butter geschmolzen wird, um die Madeleine auf Höchstform zu trimmen, gewinnt man fast schon beim Zuschauen an Gewicht. Mehr als sieben Kilogramm Butter werden für 1000 Madeleines benötigt. Nicht wirklich etwas für Kalorienbewusste. Zins benutzt nur ausgewählte Zutaten für seine Herstellung. Unterstützt wird er in seinem Geschäft mit dem Namen »La Boîte à Madeleines« von seiner Gattin und seinem Bruder. Insgesamt sechs Mitarbeiter kümmern sich darum, das Kleingebäck zu veredeln. Verkauft werden die goldgelben Desserts vorwiegend in Frankreich und den Beneluxländern. Das Hauptgeschäft wird bei Zins jedoch im Ladengeschäft gemacht, das auf der Touristenroute nach Verdun liegt. Ob er sie selbst überhaupt noch gerne isst? Da muss Thierry Zins nicht zweimal überlegen. »Sicher, man hat ja eine große Auswahl. Als Dessert ist die Madeleine einfach wunderbar. Aber natürlich sollte man sie in Maßen genießen, wenn man auf seine Figur achten möchte«, meint er augenzwinkernd. Aber noch mehr Freude mache ihm die Zubereitung des traditionellen Gebäcks aus Lothringen. »Ich mache das schon fast 20 Jahre lang und habe nie die Lust daran verloren.

Commercy im Département Meuse ist der Geburtsort des Rührteiggebäcks.

Das Gebäck in Form einer Jakobsmuschel wird akribisch sortiert.

Dieses Gebäck hat ja auch eine große Historie in unserer Region. Seit 1755 ist die Herstellung überliefert. Das ist ein großes Erbe und das macht einen auch stolz. Außerdem habe ich noch einen Tipp parat. Man muss die Madeleine während der Herstellung sanft streicheln, dann gelingt sie immer«, meint er augenzwinkernd. Typisch ist die Backform im Design einer Jakobsmuschel, in die die Masse per Spritzbeutel hineingegeben wird. Warum die einem Muffin nicht unähnliche Spezialität nach einem Mädchennamen benannt wurde? Auch dafür gibt es eine Legende. So soll ein Kammermädchen für den Konditor von Herzog Stanislas eingesprungen sein, als dieser während einer seiner Empfänge die Stelle aufgab. Madeleine vertrat ihn und bereitete das einzige Gebäck zu, dessen Rezept sie von zu Hause aus kannte. Den blaublütigen Gästen schien es sehr zu munden. Und da es noch keinen Namen für das Hausfrauenrezept gab, beschloss Stanislas, es nach dem Dienstmädchen Madeleine zu taufen, die es ja schließlich »erfunden« hatte. Ob die Geschichte stimmt, darüber kann Konditor Zins nur mutmaßen. »Aber eine schöne Geschichte ist es ja schon«, so der Mann aus dem Département Meuse vergnügt.

Commercy liegt westlich von Nancy unweit der N4. Die handgemachten Madeleines von Thierry Zins gibt es am Ortseingang von Commercy, »La Boîte à Madeleines«, La Louvière. Im Geschäft gibt es auch weitere regionale Produkte aus Lothringen wie beispielsweise Mirabellenschnaps oder Dragées aus Verdun. Mehr Infos im Internet: www.madeleines-zins.fr.

28   Jules, der Ziegenbock, leistet ganze Arbeit
In den Nordvogesen wird feinster Ziegenkäse produziert /
Selbst Geißeneis zählt zum Programm

Kaum hat man den Stall betreten, hört man sie schon kräftig me-
ckern. Neugierig recken sie ihre Hälse und mustern aufmerksam
den Betrachter. Echte Scheu kennen die rund 150 Ziegen in der
Obersteinbacher Farm im nördlichsten Zipfel des Elsass nicht. Hier
in den Nordvogesen haben die robusten Rassen der Alpinen und
Saanen ihr Zuhause. Betrieben wird die zweitgrößte Ziegenkäserei
der Region von Rita Sturtzer und ihrem Mann Pierre. Angeboten
wird im Hofladen so ziemlich alles rund um die Ziege. Vornehmlich natürlich Ziegenkäse, aber auch Ziegenmilch, Zickleinfleisch,

Joghurt oder exotischere Produkte
wie Ziegenwurst und Ziegeneis. »Das Ziegeneis ist im Sommer
ziemlich angesagt. Es ist halt er-
frischend. Die Kinder lieben es«,
erklärt Rita Sturtzer lachend. Vor
etwa acht Jahren hat die Elsässerin
gemeinsam mit ihrem Mann und
den Kindern Haguenau den Rü-
cken gekehrt, um hier im Naturpark Nordvogesen Ziegenzucht zu
betreiben. »Sicher, es ist nicht gerade wenig Arbeit. Aber es macht
mir einfach Freude mit den Tie-

Handgemachter Käse aus den
Nordvogesen.

ren. Sie haben ein freundliches und dankbares Wesen. Das Füttern
gehört da ebenso dazu wie Routinearbeiten wie das Ausmisten.
Und natürlich freut man sich auch über ein gutes Produkt, das am
Ende dabei herauskommt«, erklärt die Käseproduzentin. Die Qualität
der »Ferme du Steinbach« hat sich offensichtlich herumgesprochen,
auch in Deutschland. Das liegt unter anderem daran, dass die Familie regelmäßig auf deutsch-französischen Bauernmärkten, neben
Lothringen und dem Elsass, auch in der Südpfalz unterwegs ist.
Auch Restaurants in der Region werden von der weitläufigen Farm
am Ortsausgang von Obersteinbach beliefert. Freilich ist Ziegenkäse nicht jedermanns Geschmack, aber der Bäuerin fällt es nicht
schwer, die Vorteile des »fromage de chèvre« aufzuzählen. »Es gibt
letztlich keinen Käse mit weniger Fettgehalt, er weist keine Lak-
tose auf und ist damit relativ gesund. Und natürlich ist Ziegenkäse
sehr cremig und auch in milder Variante bei uns erhältlich. Wir bie-

Käseproduzentin Rita Sturtzer liebt den Umgang mit den Tieren.
Füttern und Ausmisten gehören zum Tagesablauf.

ten beispielsweise auch Käse an, der in Richtung Camembert oder Munster geht. Die Vielfalt ist groß – von Frischkäse über reiferen Käse bis zu Hartkäse.« Rund 800 Liter Milch geben die 150 Ziegen pro Jahr. Im Frühjahr, wenn die Tiere Junge haben, wird am meisten produziert. Im Sommer, zwischen Juli und September, wird der Stall mit der Wiese hinter dem Berg ausgetauscht. Ganz besonders stolz ist die Bäuerin auf ihren Ziegenbock Jules. Der leistet nämlich ganze Arbeit und beglückt seine Artgenossinnen regelmäßig mit seiner Männlichkeit. »Er ist eigentlich gar nicht bockig, eher ein liebes Tier«, sagt seine Chefin schmunzelnd. Wichtig für gute Rohmilch und dementsprechend guten Käse sei, dass die Geißen sich entsprechend wohl fühlen. Und die Mutter von drei Kindern tut alles Menschenmögliche, damit dem auch so ist. Vor allem die winterharte Nutzpflanze Luzerne und Heu bekommen die Hornträger zu fressen, erklärt die Hausherrin, während sie einen Blick in den Kühlraum, wo der Käse reift, erlaubt.

Der Hofladen am Ortsende von Obersteinbach (6, rue de la Rohrmatt) hat täglich von 10–19 Uhr geöffnet. Die Ziegen kann man dort je nach Jahreszeit beobachten. Die Farm liegt unweit der Grenze zu Deutschland, vis-á-vis des pfälzischen Fischbach/Dahn, auf französischer Seite zwischen Bitche und Wissembourg. Das Betreiberpaar spricht Deutsch. Mehr Infos im Netz unter www.fermedusteinbach.fr oder unter ☎ 0033/38809 57 42. Auch das kürzlich fertig gestellte Käsemuseum in Gunsbach im Münstertal (westlich von Colmar) ist eine Reise wert. Dort kann man u.a. den Käseherstellern bei der Arbeit zuschauen. Mehr Infos gibt es im Internet: www.maisondufromage-munster.com.

29   Brennleidenschaft liegt im Blut

Im Elsass werden hochwertige Brände produziert /
Fokus auf traditionellen Verfahren und handgefertigter
Herstellung

Böse Zungen behaupten: sieht der Elsässer nur die geringste Möglichkeit dazu, destilliert er alles, was ihm in die Hände fällt. Feinste
Spirituosen und Edelbrände (eaux-de-vie) sind die Folge. Allerdings
wurde den Elsässern die Leidenschaft des Schnapsbrennens zu Beginn der 50er Jahre des vorigen Jahrhunderts kräftig vergällt. Per
Gesetz wurde damals eine hohe Steuer auf Selbstgebranntes eingeführt. Der Durchschnittsverbrauch an Branntwein wurde zu seiner Zeit auf rund 50 Liter pro Familie und Jahr geschätzt. Die
Freigrenze betrug 10 Liter. Zu den Destillierparadiesen in Ost-

frankreich zählt nach wie vor
Lapoutroie, nordwestlich von
Colmar. In dem Vogesental
sollen noch gut 90 Destillier-
apparate stehen. Zu den dorti-

Bertrand Lutt-Miclo mit einem
seiner Edelbrände aus dem Hause
G. Miclo.

Auf handgemachte Produktion legt die Brennerei in Lapoutroie bei Colmar
viel Wert.

gen Traditionsbrennereien zählt auch die Destillerie G. Miclo. Insbesondere auf die Qualität seiner Zutaten achtet das Unternehmen, das im Premiumsegment mit seinem Armagnac, Likör, Obstwasser, Weinbrand oder Wodka aktiv ist. »Wir achten darauf, dass wir nur die besten Beeren aus unserer Region verwenden. Die Selektion ist entscheidend, denn die Beeren sind die Essenz unserer Obstwässer«, berichtet Bertrand Lutt-Miclo, der für den Vertrieb der Edelbrände zuständig ist. Vor allem an die höherwertige Gastronomie in Frankreich – darunter zahlreiche sternedekorierte Restaurants – werden die Produkte aus dem Hause G. Miclo veräußert, die ihren entsprechenden Preis haben. In dritter Generation ist der Familienbetrieb mit rund 20 Mitarbeitern in Lapoutroie aktiv. »Seither hat sich in der Produktion eigentlich nicht sehr viel verändert. Sicher, die Technik ist auf dem allerneuesten Stand. Aber das Hauptaugenmerk liegt eben auf der manuellen Tätigkeit«, erklärt Lutt-Miclo, während er durch die Herstellungshalle schreitet, an den gewaltigen Brennblasen vorbei, und auf die riesigen Stahlzylinder, die 30 mal 9000 Liter fassen, deutet. Jeweils im Juli eines Jahres beginnt die Ernte. Ob Äpfel, Kirschen, Pflaumen, Erdbeeren, die im Laufe der folgenden Monate gepflückt werden – »unsere Früchte, die allesamt aus dem Elsass stammen, müssen einen hohen Zuckergehalt aufweisen, darauf achten wir besonders. Beim Brennvorgang, den wir zweimal vornehmen, sind die stetigen Temperaturkontrollen

Eine Brennerei von anno dazumal – nachgestellt in Lapoutroie.

über mehrere Wochen ganz entscheidend. Auch die Qualität unseres Wassers ist sehr wichtig«, betont der Vertriebschef. Stolz ist man auf den produzierten Armagnac. Der Weinbrand, der als kleiner Bruder des Cognac gilt, muss mindestens drei Jahre in Eichenholzfässern reifen, ehe er seine volle Güte erreicht. Generell gilt: je länger die Lagerung, desto höher die Qualität. Ob traditionell Williams Birne oder gar ein Likör mit Lebkuchengeschmack für Weihnachten – die Ideen gehen der Traditionsdestillerie unweit der Albert-Schweitzer-Stadt Kaysersberg anscheinend so schnell nicht aus. Weiter im Norden des Elsass, in Preuschdorf bei Soultz-sous-Forêts, stellt Patrick Steiner Liköre und Schnaps her, die er das Jahr über auf deutsch-französischen Bauernmärkten in der Pfalz und im Elsass sowie im eigenen Hofverkauf offeriert. »Das ist ein echtes Naturprodukt aus der Region. Wir benutzen lediglich Obst, Alkohol und Kandiszucker.

Auf grenzüberschreitenden Bauernmärkten offeriert Patrick Steiner aus
Preuschdorf im Sauertal seine Obstwässer.

Konservierungsmittel gibt es bei uns gar nicht«, sagt der 43-Jährige aus dem Sauertal. Ob wilde Mirabellen, Zwetschgen, Nüsse, Birnen, Waldmeister oder Quitten – auf rund 35 000 Quadratmetern Wiesen erntet der Elsässer die Früchte für seine Brände, die er in rund 30 Sorten anbietet. Das Geheimnis seiner Edelliköre? »Das Wichtigste ist, sich Zeit zu nehmen beim Brennen. Der Schnaps wird bei mir zweimal gebrannt, ganz klassisch auf einem Holzfeuer. Dies ist das traditionelle Verfahren und das macht eben den speziellen Geschmack aus«, weiß der Produzent von »Liqueurs Steiner«. »Die Nachfrage steigt im Grunde stetig. 2004 habe ich noch etwa 200 Liter Likör und Schnaps produziert. Heutzutage bin ich bei mehr als 1700 Litern pro Jahr«, erklärt Steiner. In dem Familienbetrieb in Preuschdorf im Biosphärenreservat Nordvogesen packen alle mit an. Jeweils am ersten Maiwochenende eines Jahres beginnt der Landwirt und Schnapsbrenner mit der Ernte und dem Brennen. Auch Apfelsaft stellt Patrick Steiner her. Besonders stolz ist er nämlich auf seine rund 130 historischen Apfelsorten auf seinen Streuobstwiesen. Die Pomologie – also die Obstbaukunde – sei sehr wichtig, denn sie sei die Basis für seine Brände. Das Elsass teilt seine Brennleidenschaft ganz offensichtlich mit den Schwarzwäldern und den Lothringern. Der riesige Obstgarten direkt vor der Haustür macht es möglich.

Im Internet: www.distillerie-miclo.com. Führungen, auch auf Deutsch, gibt es vom 1. April bis 31. Oktober (montags bis freitags, jeweils um 16.30 Uhr, Eintritt frei) in Lapoutroie (Adresse: 311 La Gayire) bei Colmar. Im Verkaufsshop kann man die Produkte erstehen. Die Brände von Patrick Steiner (Adresse: 27, rue de l'Église, ☎ 00 33 / 388 80 77 20) aus Preuschdorf (bei Soultz-sous-Forêts) erhält man auf Bauernmärkten in der Pfalz und im Elsass. Aktuelle Termine finden sich im Internet: www.pfaelzerwald.de (auf Aktuelles / Termine oder auf Partner / Produkte klicken).

30   Backen für Frankreich

Antoine Robillard ist Teil der Équipe Tricolore / Bestes Baguette des Elsass

Enttäuscht ist Antoine Robillard keineswegs. Dazu hat er auch keinen Grund. Der Bäcker der Boulangerie Paul Weiss im nordelsässischen Niederrœdern hat 2012 mit der französischen Équipe bei der Weltmeisterschaft der Bäcker »nur« den Platz aufs Treppchen geschafft. Den Titel holte am Ende Japan. »Und das mit Recht. Sie waren bei der WM die Besten, so ehrlich muss man schon sein«, gibt der bescheidene Franzose unumwunden zu. Aber auch die Kreationen der Grande Nation konnten sich fraglos mehr als sehen lassen. Robillard hatte eine Cancan-Tanzszene aus dem Moulin Rouge – aus Teig und Mehl versteht sich – kreiert.

Mit einem elsässischen Storch aus Mehl und Teig qualifizierte er sich für die Bäcker-WM in Paris.

Zählt zur »Équipe nationale« der französischen Bäcker:
Antoine Robillard von der Boulangerie Paul Weiss in Niederrœdern bei Seltz.

Fleißig werden in der Küche der Bäckerei und Konditorei süße Stückchen, Pralinés und Backwaren hergestellt.

Im Vorfeld musste sich der 32-Jährige aus der Nähe von Seltz für das Team Frankreich erst einmal qualifizieren. Er gewann den Wettbewerb für den Osten der Republik und trat anschließend mit zwei Kollegen aus Dijon und Nizza in Paris an. Mit traditionellen Motiven – einem elsässischen Storch und einem Mädchen in Lothringer Tracht – wurde er letztlich für das Nationalteam nominiert. »Wir haben uns über acht Monate lang alle zwei Wochen in Städten wie Lille oder Rouen getroffen, um gemeinsam zu trainieren. Wir haben gebacken wie die Weltmeister. Das war schon eine Menge Stress. Aber wenn ich etwas mache, dann richtig und zu Hundert Prozent«, meint er schulterzuckend. Insgesamt dauerte die Vorbereitung für den Weltcup, der 2012 zum dritten Mal in der französischen Hauptstadt ausgetragen wurde, fast ein Jahr. Ob er die Mühe bei einem nächsten Weltcup wieder auf sich nehmen würde, weiß er noch nicht so genau. Schließlich hat seine Familie gerade Nachwuchs bekommen. Die Arbeit in der Backstube wird auch nicht weniger. »Ich liebe mein Handwerk und versuche mich ständig zu verbessern. Ich hole mir immer wieder Rat von guten Kollegen in meinem Metier ein, wenn ich mir nicht ganz sicher bin. An neuen Techniken und Tipps herrscht meinerseits immer ein großes Interesse. Ohne Neugier bleibt man stehen«, meint der Bäcker und Konditor, der ursprünglich aus Nancy stammt und selbst im Grunde auch zu den Meistern seiner Profession zählt. Für seinen Beruf hat er sich schon sehr früh entschieden. »Als Kind war meine Bushaltestelle zur Schule direkt vis-á-vis einer Bäckerei. Den Duft des frischen Brotes mochte ich sehr. Irgendwann habe ich dann gewagt zu fragen, ob sie nicht einen Job für mich hätten«, gesteht er freimütig. Hatten sie. Flugs machte er ein Praktikum und fand anschließend seinen Traumjob. Auf Lehrjahre in Nancy, Lyon, Marseille und Paris folgte

Bereits seit 1838 existiert die Bäckerei und Konditorei im Nordelsass.

seine Anstellung bei der Boulangerie Paul Weiss in Niederrœdern bei Seltz. Bereits seit 1838 existiert die Bäckerei, die er gemeinsam mit Patissière Christine Weiss betreibt und so eine lange Tradition fortsetzt. Und der großen Reputation will man ja schließlich auch gerecht werden. Vor einigen Jahren erhielt die Bäckerei eine Auszeichnung für das beste Baguette des gesamten Elsass. Kruste, Krume, Teig, Optik und Geschmack wurden von einer hochkarätigen Jury als exzellent eingestuft. Ansporn und Ambition für den französischen WM-Teilnehmer zugleich, der nicht nur Baguettes, Pains au chocolat oder Croissants herstellt, sondern auch raffinierte Pralinés. Denn Antoine Robillard ist nicht nur Bäcker, er ist auch Konditor. Und auch auf diesem Feld gibt er sich äußerst ambitioniert.

Niederrœdern liegt bei Seltz unweit der A35. Die Boulangerie und Patisserie Paul Weiss befindet sich zentral an der Hauptstraße des Dorfes. Adresse: 5, rue de la Haute Vienne, Niederrœdern. ☎ 00 33 / 899 54 49 24.

Auch in Seltz selbst hat die traditionsreiche Bäckerei Paul Weiss eine Filiale (34, rue principale) mitten im Ortskern.

Das Baguette der Boulangerie Weiss erhielt bereits höchste Weihen.

31 Pastetenvirtuose aus dem Krummen Elsass

Patrick Gangloffs Kreationen sind vielfach ausgezeichnet / Spiel mit Aromen und Nuancen / Foie gras mit Schokolade gefällig?

»Ich kenne es ja nicht anders. Schon als Kind habe ich in der Metzgerei mitgeholfen. Wenn man so will, bin ich in der Charcutiere aufgewachsen«, sagt Patrick Gangloff gut gelaunt. In dritter Generation ist der Metzger in Mackwiller im »Krummen Elsass« in seinem Metier tätig. Seit 1932 existiert das kleine Ladenlokal unweit von Sarre-Union. Die Qualität seiner Produkte hat sich herumgesprochen. Davon zeugen nicht nur die zahlreichen Preise, die der 54-Jährige für seine Kreationen immer wieder eingeheimst hat: erster Platz beim Salon de l'agriculture in Paris für seine geräucherte Entenbrust sowie seine Gourmetpastete, Gold für seine Sülze in Douai in Nord-Pas-de-Calais, Auszeichnung »Knack d´Or« auf der Europamesse in Straßburg für seine Wiener, Gold für seine Blut- und Weißwurst in Belgien, um nur einige zu nennen. Neben seiner traditionellen Metzgerei mit Ladenlokal betreibt der vielbeschäftigte Fleischermeister auch einen Cateringservice mit drei Köchen und 14 Angestellten. Und auch dort dreht er am großen Rad. Ob er französische Minister in Straßburg, die Gäste bei der Eröffnung des Lalique-Museums oder illustre Gesellschaften im Saarbrücker Schloss verköstigt – die Arbeit geht dem Metzger mit Leib und Seele so schnell

Patrick Gangloff mit seinen viel dekorierten Pasteten und Wienern vor seinem Geschäft in Mackwiller bei Sarre-Union.

nicht aus. Im Gegenteil: Zuweilen habe er gar das Gefühl, ein wenig kürzer treten zu müssen, denn als Gastro-Unternehmer tanze er auf vielen Hochzeiten und das gehe manchmal schon ein wenig an die Substanz, merkt der Edelmetzger an. Das Geheimnis des außergewöhnlichen Geschmacks seiner Produkte möchte er nicht wirklich verraten. Nur so viel: »Es kommt natürlich auf die richtige Würzung und die entsprechende Qualität an. Die Würzmischung ist ein Geheimrezept unserer Familie, die immer weiter verfeinert und adaptiert wird. Schließlich ändert sich auch der Geschmack von Generation zu Generation

Fleischer Patrick Gangloff und seine Schwester Annick, die in der Metzgerei die Kunden bedient.

etwas. Mein Großvater und mein Vater haben beispielsweise viel mehr gesalzen als ich das heute tue. Natürlich gilt auch, keine chemischen Zusätze zu benutzen«, plaudert der Meister ein wenig aus dem Nähkästchen. Es komme vor allem auf die Ausgewogenheit der Ingredienzien an. Schließlich müssen alle Nuancen gut ausbalanciert sein. »Ich arbeite ja viel mit Alkohol. Der darf natürlich nicht zu dominant sein. Man muss alles gut austarieren. Das macht natürlich die jahrzehntelange Erfahrung. Aber letztlich muss man auch das richtige Händchen dafür haben.« Freilich seien auch die Qualität und die Aufzucht der Tiere entscheidend. Patrick Gangloff setzt auf Schweine einer regionalen Erzeugergenossenschaft im Elsass. »Das Tier ist die Grundlage an sich. Es muss gut aufgezogen sein, sich in der freien Natur bewegen können und Naturfutter bekommen.« Im Übrigen hat der viel dekorierte Fleischer auch einen Hang zu außergewöhnlichen Kreationen und Geschmacksrichtungen, die auf den ersten Blick nicht unbedingt passen. In seinem Cateringservice für solvente Kunden hat er Raum für kulinarische Experimente: Entenbrust mit Lakritze oder Foie gras (Stopfleber) mit dunkler Schokolade beispielsweise. »Ich mag das Spiel mit Aromen. Das macht ja auch gerade den Reiz aus. Neues zu kreieren, bereitet mir einfach Freude.« In dem kleinen Geschäft an der Hauptstraße von Mackwiller gibt es ein Dutzend verschiedene Pasteten im Angebot – von Hase über Ente, Schwein oder Perlhuhn. Seine ausgezeichnete Gourmetpastete besteht aus Perlhuhn, Enten- und Hähnchenbrust und wird eingelegt in drei verschiedene Sorten Alkohol, hinzu kommen Champignons, Pistazien und Stopfleber. Darüber kommt schließlich Brot- und Blätterteig. Nicht nur die Pâtés aus dem Hause Gangloff, auch sein Fleisch gilt als vorzüglich. In der Metzgerei geben sich die Wurstliebhaber die Klinke in die Hand. Schnell kommen Kundschaft und Annick, die Schwester von Patrick Gangloff, die an der Theke die Käufer bedient, ins Gespräch. Die einheimische Kundschaft wechselt im freundlichen Plauderton zwischen Elsässisch und Französisch. Schließlich kennt man sich in Mackwiller. Beim Anblick der Wursttheke dürfte sich mancher Fleischliebhaber wie im Paradies fühlen. Irgendwie wirkt das Geschäft mit dem leichten Rosastich wie aus einer anderen Epoche. Zeit hat hier im Krummen Elsass offensichtlich noch eine andere Bedeutung. Eines hat Patrick Gangloff mittlerweile leider feststellen müssen: »Bei den jungen Leuten sind durch den Verzehr von zuviel Fastfood schon ein wenig die Geschmacksnerven verdorben, denke ich. Aber natürlich gibt es immer noch, gerade in Frankreich, viele Familien, die auf gutes Essen Wert legen und dafür bereit sind, auch entsprechend zu bezahlen.« Sorgen muss er sich also keine machen, auch wenn die herzhafte elsässische Kost sicher nicht jedermanns Sache ist. Aber seinen ausgefeilten Pasteten kann man – wenn man nicht gerade »eingefleischter« Vegetarier ist – wohl nur schwerlich widerstehen.

Das Ladenlokal von Patrick Gangloff, der perfekt Deutsch spricht, befindet sich in der Hauptstraße des kleinen Dörfchens Mackwiller unweit von Saare-Union im Krummen Elsass, 79, rue Principale. Mehr Infos im Internet: gangloff-traiteur.com. Zudem ist der Metzger jedes Jahr beim Foie gras Festival in Phalsbourg mit von der Partie. Das Gourmet-Event mit zahlreichen Ausstellern regionaler Produkte (Eintritt: 1,50 Euro) findet jeweils Anfang und Mitte Dezember an den Wochenenden statt (samstags und sonntags, 10 bis 19 Uhr). Spezialitäten aus Lothringen und dem Elsass haben die Oberhand (Käse, Schokolade, Honig, Lebkuchen, Baguette, Wein etc.). Aber auch Austern von der Küste der Bretagne werden offeriert. Und natürlich gibt es in Phalsbourg Foie gras satt.

32 Das »rote Gold« gedeiht in Lothringen ganz prächtig

Im Osten Frankreichs wird Safran angebaut – wenn auch nur in winzigen Mengen / Kostenintensive Handarbeit für das edle Gewürz

Üblicherweise denkt man bei Safran eher an den Iran, Marokko, Kaschmir oder die Türkei als Anbaugebiet. Schließlich wird dort das Gros des so genannten »roten Goldes« angebaut und geerntet. Doch auch im Elsass und in Lothringen wird die Pflanze aus dem Orient angebaut – wenn auch nur in winzigen Mengen. Patrice Wittmann und Alexandre Marchetti aus dem Großraum Nancy hatten vor einigen Jahren die Idee, das teure Gewürz auch im Osten Frankreichs anzupflanzen. »Das ist natürlich eine zeitaufwendige und mühselige Arbeit. Es ist alles reine Handarbeit. Einmal pro Jahr, im Herbst, ist es so weit. Dann wird geerntet. Es ist jedes Mal wieder eine spannende Angelegenheit«, stellt Patrice Wittmann fest. Sage und schreibe etwa 200 000 Blüten benötigt er für ein Kilogramm des wertvollen Gewürzes. Das Klima in Lothringen sei durchaus günstig. Bereits vor Jahrhunderten seien Safrankrokusse in den Vogesen angepflanzt worden. Etwas mehr als ein Kilo pro Jahr wird von den Unternehmern von »Le Safran des Ducs« (Deutsch: Safran der Herzöge) geerntet. Das ist natürlich nur ein äußerst bescheidener Anteil an der weltweiten Produktion von etwas mehr als 200 Tonnen. »Aber ein Anfang ist gemacht. Unsere Kunden wissen das durchaus zu schätzen«, meint Patrice Wittmann. Ein Gramm kostet etwa 30 Euro. Ein stolzer Preis, aber schließlich gilt der Crocus sativus als teuerstes Gewürz der Welt. Vornehmlich an Restaurants, aber auch an Privatkunden in Lothringen verkaufen sie die getrockneten, süßaromatisch duftenden Stempelfäden. »Safran ist einfach ein außergewöhnliches Gewürz, sehr delikat, mit einem einzigartigen Aroma. Es zählt ja nicht umsonst

Das teuerste Gewürz der Welt: Safran fait maison – hausgemacht, in Lothringen, versteht sich.

Schätzen die ebenso teuren wie delikaten Stempelfäden der Safrankrokusse: Alexandre Marchetti und Patrice Wittmann aus der Region Nancy.

zu den edelsten Zutaten auf dem Globus«, betont Alexandre Marchetti. Eigentlich stammt das Duo aus einem ganz anderen Metier. In der Automobilindustrie waren die beiden Lothringer tätig, ehe die Hobbyköche aus ihrer Leidenschaft einen Beruf gemacht haben und nun hauptberuflich als Safranpflanzer das Nobelgewürz anbauen und vertreiben. Tipps haben die beiden etliche parat, wo sich Safran gut macht. »Eine gute Paella, Fisch, Jakobsmuscheln – das passt perfekt. Auch beim Dessert ist der Safran gut aufgehoben. Es gibt viele Varianten. Gerade zu Weihnachten gönnen sich die Menschen ja gerne mal was Besonderes«, meinen die beiden Unternehmer aus Meurthe-et-Moselle unisono. Auch im südlichen Elsass, in Saint-Hippolyte, unweit von Colmar, existieren Krokusäcker mit dem »roten Gold«. Der Winzer Hervé Barbisan hegt und pflegt das orientalische Gewürz zusätzlich zu seinen Reben. Einst sei es ein erlesenes Geschenk für persische Könige sowie Würdenträger in aller Welt gewesen und würde auch heute noch gerne gefälscht. »Mir persönlich bereitet der Anbau einfach Freude. Und das Geschmackserlebnis ist natürlich auch sehr intensiv«, betont Hervé Barbisan. Die Pflanze, welche die Händler aus Heillecourt bei Nancy oder im südlichen Elsass anbauen, wurde schon in der griechischen Mythologie und im Alten Testament benannt und ist nicht nur in der Küche äußerst beliebt, sondern findet auch in der Kosmetik, der Medizin oder dank des Crocins als Färbemittel Verwendung.

Den »Herzoglichen Safran« erhält man in Liverdun, 30, route de Frouard, bei Nancy. Auch via Internet (www.safran-des-ducs.fr) lässt sich das edle Gewürz ordern. Hervé Barbisans »Safran du Château« sitzt in St. Hippolyte bei Sélestat. Im Shop kann man das »rote Gold« direkt erwerben (3, rue St. Fulrade). Öffnungszeiten: Dienstag bis Samstag 8.30–11.30 Uhr und 13.30–17 Uhr. Sonntag und Montag geschlossen. ☎ 0033/977619638 Internet: www.safranduchateau.com.

33 Meister der Makronen

Das Konfekt aus Lothringen wird zu jeder Jahreszeit genossen / Geheimrezept aus Boulay

Jacques Alexandre befindet sich in bester Gesellschaft. General de Gaulle mochte sie, Kaiser Wilhelm II. mochte sie und viele andere wohl auch. »Das ist eben ein tolles Produkt«, sagt der Inhaber von »Maison Alexandre« in Boulay-Moselle im Brustton der Überzeugung und fügt hinzu: »Mein Motto lautet: jeden Tag nur eine. So hält man das Gewicht. Ich zumindest«, beteuert Jacques Alexandre. Man glaubt es ihm. Denn der Patissier aus Lothringen ist gertenschlank und ständig in seinem Ladenlokal östlich von Metz unterwegs. Die Rede ist von der Makrone, die sich nicht nur in Frankreich größter Beliebtheit erfreut. Wie zum Beweis zeigt der 50-Jährige auf Pakete, die er heute noch verschicken muss. Die gehen ziemlich weit weg: nach Tokio, New York oder Tel Aviv. Wie die Menschen von so weit her auf den Geschmack gekommen sind? Alexandre zuckt die Schulter. »Keine Ahnung, die wissen eben was gut ist«, fügt er schelmisch hinzu. Schon wenn man das Städtchen an der Mosel anfährt, wird einem am Ortsschild klargemacht: Boulay – die Heimat der Makronen. Das behauptet zwar Nancy auch von sich, aber das stört in der Gemeinde, die man erreicht, nachdem man durch eine sanfte Hügellandschaft mit immergrünen Wiesen gefahren ist, kaum jemanden. Es ist eben ein Lothringer Produkt. Erstmals soll es in Lunéville eingeführt worden sein, als Karl III., Herzog von Lothringen, Claude de France heiratete. Ursprünglich ist die Dauerbackware dem Wortstamm nach jedoch venezianischen Ursprungs (macarone). Einer weiteren Legende nach soll sie 1793 von zwei Benediktinerinnen in Nancy erfun-

Die »Maison Alexandre« in der Hauptstraße von Boulay-Moselle ist bei Makronenfans weltweit beliebt.

Jacques Alexandre ist stolz auf seine traditionelle Backkunst und die Makronen aus Boulay.

den worden sein, die seitdem »Soeurs Macarons«, die Makronen-Schwestern, genannt werden. Jacques Alexandre hat aber eine eigene Geschichte parat. Schließlich stammt er aus Boulay. So soll 1854 speziell auf Wunsch eines Kunden ein einzigartiges Rezept von Mandelmakronen in dem Ort in Moselle vom Patissier Bines Lazard entwickelt worden sein. »Dieses Gebäck wurde im Laufe der Zeit zu einer echten Spezialität unserer Stadt. Das Geheimnis der Zubereitung wurde streng gehütet und von Generation zu Generation weitervererbt, bis es 1963 der Familie Alexandre anvertraut wurde. Genau, an uns! Wir hüten es und stellen die Backware exakt nach diesem Rezept her«, betont der 50-Jährige und hat schon einen Sack Mandeln zur Hand. Er greift hinein, lässt sie durch seine Hände gleiten und sagt: »Die Mandeln, die wir aus Spanien beziehen, sind die Basis unseres Produkts. Hinzu kommen Zucker und Eiweiß, mehr nicht. Das alles wird exakt dosiert, der Teig anschließend mit Hilfe eines Löffels auf das Backblech gesetzt«, erklärt der umtriebige Inhaber. Und ehe man sich versieht, ist Probieren angesagt. Sehr lecker, zweifellos, aber auch etwas irritierend. Denn eigentlich verbindet man ja einen Kokosgeschmack mit dem Konfekt. »Das ist ein großer Irrtum. Die Deutschen machen so etwas. Wir nicht. Auch in Paris gibt es eine viel süßere Variante, als wir sie hier produzieren. Aber wir halten uns eben an das Originalrezept. Das wissen unsere Kunden zu schätzen«, sagt der Konditor, der sich nach einigen Jahren in der Stahlindustrie in Lille seiner wahren Bestimmung, der Herstellung von Makronen, verschrieben hat. In dem gemütlichen Ladenlokal

Mit einem Löffel werden die Makronen aufs Backblech gesetzt.

mit angeschlossener, winziger Backstube bimmelt ständig die Tür-glocke. Die Menschen decken sich mit den Backwaren ein. Einer kam eigens aus Strasbourg. »Ich war gerade in der Gegend, da habe ich gedacht, ich schaue mal vorbei. Ich mag die einfach, die sind nicht so süß«, gesteht er lachend. Mit einem weiteren Irrtum räumt der Inhaber des Geschäfts in der Hauptstraße des 5000 Einwohner zählenden Städtchens im Übrigen auch gerne auf. Wer denkt, das Konfekt wird nur um die Weihnachtszeit verköstigt, der täuscht sich. »Sicher, um diese Zeit machen wir erhöhten Umsatz, aber eigentlich nicht so viel mehr als sonst im Jahr. In Frankreich wird die Makrone zu jeder Jahreszeit gegessen.« Etwa 420 000 Makronen stellt der Meister pro Jahr her, die Zahl hat er schnell parat. Verkaufsstellen hat Monsieur Alex-andre neben seinem Ladengeschäft unter anderem in Feinkost-

Alles handgemacht: das Konfekt, das lediglich aus Mandeln, Zucker und Eiweiß besteht, wird verpackt.

geschäften in Metz, Épinal, Nancy, Thionville und in Paris (»Direkt am Gare de l'Est, das läuft sehr gut«). Auch das Internet ist eine wichtige Vertriebsquelle. Eines ist dem Lothringer ganz wichtig: »Über die Jahrhunderte hat sich in der Produktion kaum etwas verändert. Man muss die Tradition respektieren, um ein authentisches Produkt herzustellen. Es ist zwar ein einfaches Rezept, aber dennoch benötigt man Raffinesse und viel Übung. Wir sind die einzigen, die das heute noch so machen. Es ist einfach magisch, es ist mein Leben. Ich liebe es wie am ersten Tag«, meint der junggebliebene »Meister der Makronen« selig lächelnd. Der Ladeninhaber ist nicht nur ein guter Handwerker, auch beim Marketing lässt er nichts anbrennen. Kürzlich war er Teil einer französischen Wirtschaftsdelegation in Tokio, um den Menschen dort die kulinarischen Genüsse Lothringens näherzubringen. Mit Erfolg, den Japanern hab es bestens gemundet, da ist sich Jacques Alexandre ganz sicher. Aber viel Zeit hat er nicht mehr. Schon wieder bimmelt es in dem kleinen Ladenlokal und das Gebäck, das bei 180 Grad rund 15 Minuten gebacken wird, muss auch wieder rasch aus dem Ofen.

Boulay liegt zwischen Saarbrücken und Metz, nördlich der A4. Die Adresse des Ladengeschäfts lautet: 13, rue Saint-Avold. Neben den üblichen Ladenöffnungszeiten mit Mittagspause ist montagmorgens geschlossen, dafür ist am Sonntag von 9–12 Uhr geöffnet. Bestellungen sind auch über das Internet möglich: www.macaronsdeboulay.com.

Gourmet-Koch nun Moutardier / Familienbetrieb
»Raifalsa« ist letzter Senfhersteller im Elsass

Dafür dass Christian Kistler erst seit etwas mehr als einem Jahr in seinem Metier tätig ist, ist er schon ziemlich aktiv. Der Elsässer ist Senfmacher und beliefert diverse Feinkostgeschäfte im Elsass, in Lothringen und Belgien. Eigentlich ist der 43-Jährige gelernter Koch. Er arbeitete in der Sternegastronomie in Deutschlands Norden sowie in Frankreich, ehe er sich als Moutardier selbstständig gemacht hat. »Ich wollte mal was Neues probieren. Senfmachen hat mich da einfach gereizt«, erklärt der Mann aus Mundolsheim, nördlich von Straßburg. Seinen Senf gibt es in et-

Beliebt: Kistlers Bärlauchsenf.

lichen Variationen. Knoblauchsenf, Feigensenf, Dillsenf, Paprikasenf, Kirschsenf, Kaffeesenf, ect. Mehr als 35 Sorten bietet er an. Der Fantasie sind da kaum Grenzen gesetzt. Auch exotischere Kombinationen wie Whiskeysenf, Bananen- und Dattelsenf oder der etwas teurere Safransenf zählen dazu. Welcher der beliebteste sei? »In Frankreich kommen der Chilisenf und der mit Feigen sehr gut an. Mir persönlich gefällt der Steinpilzsenf sehr gut. Ich bin nun mal ein echter Pilzfreak. Aber letztlich ist das Geschmackssache.« Seine Zutaten erhält er weitgehend aus der Region. Honig aus dem Elsass, Leindotter aus Lothringen, Bärlauch aus dem eigenen Garten.

Besonders stolz ist er auf seinen Holunderblütensenf. »Der passt bestens zum Munsterkäse. Genau dafür habe ich den gemacht.« Senfmachen sei an und für sich kein Hexenwerk, erklärt der Kochprofi. Man brauche ein wenig Fingerspitzengefühl und die nötigen Zutaten. Neben Feinkostgeschäften in Straßburg, Haguenau, Sélestat oder Forbach veräußert er seinen Moutarde auch

Produziert rund 35 Sorten Senf: Christian Kistler, der früher in der Sternegastronomie arbeitete.

Beim Abfüllen des Meerrettichs muss nachgeholfen werden.

Alain Trautmann zeigt Meerrettich-knollen.

auf elsässischen Märkten. Zudem verkauft er Apfelessig mit Meerrettich und stellt etliche Senfpräsente für französische Firmen zusammen. In einer ganz anderen Größenordnung als Christian Kistler agiert das Unternehmen »Raifalsa et Alélor«. Der Familienbetrieb in Mietesheim-Mertzwiller produziert jährlich rund 1000 Tonnen Senf, hinzu kommen 150 Tonnen Meerrettich. 2009 fusionierte die Senffabrik »Alélor«, die 1873 von den Brüdern Stumpf gegründet worden war, mit »Raifalsa«, einem Unternehmen das sich seit jeher auf Meerrettich spezialisiert hat. »Wir sind der einzige Familienbetrieb in Frankreich, der selbst Meerrettich herstellt, und mittlerweile nach der Fusion auch die letzte verbleibende Firma im Elsass, die den traditionell milden Senf der Region produziert. Meerrettich und Senf sind einfach eine gute Kombination, denke ich«, sagt Alain Trautmann, Geschäftsführer von »Raifalsa et Alélor«. Zu Beginn des 20. Jahrhunderts gab es noch mehr als 100 Senffabriken im Elsass. Nach dem Zweiten Weltkrieg blieb nur noch »Alélor« übrig. »Die Firma konnte nur deshalb überleben, weil sie ihre Produktpalette neben Senf um Gewürzgurken, rote Beete und Sauerkraut erweiterte«, erklärt der 38-Jährige, der nach dem Studium als Wirtschaftsprüfer im Badischen gearbeitet hatte, ehe er sich wieder dem elterlichen Betrieb im Nordelsass zuwandte. In Frankreich beliefern die Senfproduzenten die großen Supermärkte wie Cora, Match, Carrefour oder Super U mit dem Moutarde alsacienne. Rund 2,5 Millionen Euro Umsatz generiert der Familienbetrieb mit seinen 15 Mitarbeitern. Vor allem in der diversifizierten Produktpalette sieht der studierte Ökonom den Erfolg seiner Firma in einem ausgesprochenen Nischenmarkt. So produziert man hochwertigen Senf und Meerrettich für den Feinkostmarkt unter dem Label »Frères Stumpf« und kooperiert mit anderen Marken in diesem Segment unter dem Logo »Alsace Gourmets Food«. Zudem will man verstärkt beim Biotrend mitmischen. Auch Convenience-Produkte (Fertiggerichte aus Fleischwaren) oder eingelegtes Gemüse werden mit Senf aus Mietesheim angereichert. »Wir haben ein authentisches und traditionelles Produkt aus der Region. Aber wir wollen natürlich immer wieder neue Wege gehen. Das gilt für die Vermarktung ebenso wie für die Produktpalette. Seit kurzem bieten wir auch Wasabi an, den scharfen Senf, den man vom Sushi her kennt«, erklärt der Elsässer. Auch hier gilt: es gibt etliche Varianten im Angebot, beispielsweise Mirabellensenf, Lebkuchensenf (zu Weihnachten) oder Riesling-

Der Chef von »Raifalsa et Alélor« produziert 1000 Tonnen milden Senf und 150 Tonnen Meerrettich pro Jahr.

senf – hinzu kommen Remouladensaucen, Mayonnaise, diverse Öle, Gurken, rote Beete und natürlich das Segment als einziger Meerrettichproduzent in Frankreich. »Unser Meerrettich stammt zu 100 Prozent aus dem Elsass. Wir beziehen ihn von Bauern aus einem Umkreis von rund 20 Kilometern, mit denen wir schon lange zusammenarbeiten. Auch beim Senf haben wir etliche Landwirte überzeugen können, das Gewürz wieder anzubauen«, sagt Trautmann, während er durch die Fabrik schreitet. Die Wurzeln des Meerrettichs werden von Hand geschält, ehe sie verarbeitet werden. Bei null bis zwei Grad verbleiben sie bis zur Produktion in der Kühlkammer. 2006 wurde das Unternehmen mit dem Qualitätszertifikat »Marianne des Saveurs« ausgezeichnet. Trautmann sieht darin eine Bestätigung, die traditionelle Herstellungsweise (»Unsere Rezepte sind teilweise bis zu 140 Jahre alt«) und den regionalen Charakter mit modernen Marketingmaßnahmen und Neuentwicklungen zu verbinden.

Christian Kistler erreicht man unter ☎ 0033/699843522. Adresse: 2, rue Thomas Edison, Mundolsheim (nördlich von Strasbourg). »Raifalsa et Alélor« befindet sich in Mietesheim, 4, rue de la Gare (unweit von Haguenau). ☎ 0033/388903185. Internet: www.raifalsa.fr. Im eigenen Laden der Fabrik gibt es sämtliche Produkte zu kaufen (Montag bis Freitag 8–17 Uhr, Samstag 9–18 Uhr). Sowohl Kistler als auch Trautmann sprechen Deutsch.

Neuzeitliche Herrscherin über Burgenlandschaft

Burgenmuseum in den Nordvogesen informiert über das Leben im Mittelalter / Reise in die Ära der Staufer

Wer eine Zeitreise ins Mittelalter unternehmen möchte, der ist im »Haus der Burgen« in Obersteinbach genau richtig. Hier, in den idyllischen Nordvogesen, erfährt man etliches über die imposanten Festungsanlagen, die größtenteils zwischen dem 11. und 13. Jahrhundert im Norden des Elsass entstanden sind. Und man trifft auf Christine Jahn, die quasi als »neuzeitliche Herrscherin« über die Burgen durch das ebenso liebevoll wie akribisch eingerichtete Museum führt. »Hier in dieser Region waren immer wichtige Wegkreuzungen. Viele zogen hier vorbei. Die Bistümer Speyer, Metz und Straßburg hatten großen Einfluss. Vor allem die Staufer waren es, die hier mächtige Burgen errichteten«, erklärt die Elsässerin.

Etliche Hundert der Bauwerke standen einst auf der elsässischen Ebene. Speziell am Rande des Pfälzer Waldes, in Lothringen und dem Nordelsass sind noch etliche der eindrucksvollen Ruinen zu begutachten, die von Ritterlichkeit und Heldentum des Mittelalters künden. Eine Kette von acht Burgen zieht sich entlang der Nordvogesen, über die das Museum in vielerlei Facetten informiert. Zahlreiche Exponate wie Miniaturnachbauten der Burgen, Wappen und Siegel der Adelsgeschlechter, Genealogien, Photographien der Ruinen oder beispielsweise eine Ritterrüstung legen beredtes Zeugnis vom Leben im Mittelalter ab. Über Architektur, Verteidigungslinien oder das Leben am Hof erfährt man einiges im zwischen Bitche und Wissembourg gelegenen Obersteinbach. Auch didaktisch haben sich die Museumsbetreiber, die im Übrigen allesamt ehrenamtlich agieren, einiges einfallen lassen. Rund 3500 Interessierte aus Frankreich und Deutschland besuchen das Museum pro Jahr, darunter auch etliche Schulklassen. Beeindruckend ist beispielsweise eine Art Brettspiel mit den stilisierten Köpfen der Fürsten als Spielfiguren, auf

Führt durch die Burgenroute am Rande des Pfälzer Walds: die Elsässerin Christine Jahn, hier im Museum in Obersteinbach.

Burg Fleckenstein – Magnet für viele Touristen.

dem man die territoriale Expansion der jeweiligen Adelsgeschlechter gut nachvollziehen kann.

Zu den bekanntesten Festungen der Burgenroute zählt das Chateau Fleckenstein bei Lembach. Das imposante Bauwerk, das auf einem 43 Meter hohen Fels steht, besuchen fast 100 000 Personen pro Jahr. Die favorisierte Burgruine von Museumsleiterin Christine Rahn steht allerdings ganz woanders, nämlich in Lützelhardt. »Die Ruine ist eine Felsenburg auf 330 Metern Höhe. Ich mag das Mystische, Romantische und Archaische. Deshalb ist diese Burg mein Favorit. Diese Festung hat eine ganz besondere Aura. Aber ich hätte im Übrigen nie im Mittelalter leben wollen. Sehr alt wurde man damals nämlich nicht«, so die Frau süffisant, die zahlreiche historische

Beliebtes Ausflugsziel im Nordelsass: Die Burg Fleckenstein, hier mit einem riesigen Wagenrad.

Ausblick aus der Burg Fleckenstein in den Nordvogesen.

Anekdoten parat hat. So wurden beispielsweise im 12. und 13. Jahrhundert die Burgen aus dem roten Vogesensandstein noch in den Felsen gehauen, während ab dem 14. Jahrhundert Burgen entstanden, die mit einer Ringmauer geschützt wurden. »Das lag einfach daran, dass sich das Waffenarsenal im Laufe der Zeit geändert hat. Pulver und Kanonen statt Bogen und Armbrust. Entsprechend wurde darauf in der Architektur reagiert«, erklärt Christine Jahn. In dem Museum im Nordelsass, das in einem ehemaligen Pfarrhaus aus dem Jahre 1740 ein standesgemäßes Zuhause hat, lässt sich so manches über die Festungen, die als Bollwerke des Heiligen Römischen Reiches deutscher Nation oder als Verteidigungsanlagen großer Dynastien dienten, erkunden.

Das Burgenmuseum in Obersteinbach hat vom 1. Mai bis zum 31. Oktober jeweils am Wochenende geöffnet (Sa 14–18 Uhr, sonn- und feiertags 10–12 Uhr und 14–18 Uhr). Eintritt: 2 Euro. Gruppen können sich auch unter der Woche unter ☎ 00 33 / 388 09 50 98 anmelden. Obersteinbach liegt im Naturpark Nordvogesen unweit von Lembach, ungefähr in der Mitte zwischen Bitche und Wissembourg. Das Museum ist trilingual mit entsprechenden Infotafeln ausgestattet (Französisch, Englisch und Deutsch).

Info zu Burg Fleckenstein: Die Herren von Fleckenstein zählten vom 12. bis zum 15. Jahrhundert neben den Lichtensteinern zu den wichtigsten Adelsfamilien im Nordelsass. Die meisten Räume der im 12. Jahrhundert errichteten Burg bei Lembach wurden direkt in den Buntsandstein gehauen. Einige Teile sind begehbar, so wie der Wachturm oder der Geheimgang. Infos im Internet: www.fleckenstein.fr.

Sehr interessant ist auch die Burgruine Schoeneck bei Dambach. Ein Verein von Ehrenamtlichen restauriert das Chateau seit dem Jahr 2000 mit viel Engagement.

Mächtige Befestigungsanlage mit Entdeckungsparcours
ausgestattet / Einst von Vauban erbaut

Beeindruckend ist er zweifellos, der Entdeckungsparcours, der die Besucher seit Mitte 2006 durch die Zitadelle im lothringischen Bitche führt. Rund drei Millionen Euro wurden investiert, um Geschichtsinteressierte auf einem Video-Parcours die historischen Ereignisse der Belagerung von 1870/71 erlebbar zu machen. 230 Tage lang widersetzte sich damals der französische Kommandant Teyssier und seine Garnison den württembergischen und bayerischen Truppen, obwohl der Krieg längst zu Gunsten des deutschen Kaiserreichs entschieden war. Die Absurdität des Krieges, der sinnlose Verlust von Menschenleben, und das Gefühl des Eingeschlossen seins hinter hermetisch abgeschirmten Mauern spiegelt der Filmparcours hervorragend wieder. Über 1000 Statisten wirkten bei der Produktion des historischen Films mit. Als Identifikationsfigur dient den Besuchern der Journalist und Soldat Mondel, der die Ereignisse in der belagerten Festung während des deutsch-französischen Krieges beschreibt. An die Originalschauplätze – den unterirdischen Backraum, das

Aus dem rotem Sandstein der Vogesen wurde die mächtige Befestigungsanlage einst von Vauban erschaffen.

Pulvermagazin oder den Offizierssaal – werden die Besucher innerhalb eines rund einstündigen Rundgangs geleitet. An verschiedenen Video-Stationen in dem dunklen Gemäuer in den Nordvogesen werden die historischen Ereignisse auf Zelluloid so äußerst anschaulich nach erzählt. Zuvor erhält jeder Zahlende am Eingang einen Kopfhörer, der die Geschehnisse auf Deutsch oder Französisch über-

Mächtig thront die rote Sandstein-Zitadelle von Bitche in dem Städtchen in den Nordvogesen.

setzt. Per Infrarot-Sonde schaltet sich der »schlaue Kopfhörer« immer erst dann mit seinen Erzählungen ein, wenn man den jeweiligen Raum betritt. Rund zwei Jahre benötigten die Museumsverantwortlichen, um die mächtige Festungsanlage, die über dem Städtchen Bitche thront, entsprechend technisch umzurüsten und auszustatten. Aber nicht nur in den didaktisch sehr gut umgesetzten »audiovisuellen Erlebnispfad« investierten das Département Moselle, die Stadt Bitche, die EU und das französische Verteidigungsministerium kräftig. Weitere 1,6 Millionen Euro wurden in die Restaurierung der Garnisonskapelle, rund 300 000 Euro in das historische Museum auf dem Plateau (an der höchsten Stelle auf 365 Metern) der imposanten Festung aus rötlichem Sandstein gesteckt. Die im östlichen Teil Lothringens gelegene Zitadelle wurde im Übrigen bereits im 12. Jahrhundert erbaut. Nach der Übergabe der Festung 1870/71 an die Preußen, war dort eine Garnison untergebracht. Nach der Niederlage im Ersten Weltkrieg übergaben die Deutschen die Zitadelle in den Nordvogesen wieder zurück an die Franzosen. Bei einem alliierten Bombenangriff wurde sie im Zweiten Weltkrieg so schwer geschädigt, dass sie nicht mehr genutzt werden konnte. Die Stadt Bitche erwarb die einst vom Architekten Vauban ausgebaute Befestigungsanlage (1680–1683) schließlich 1969. Seit 1979 steht sie nun unter Denkmalschutz und ist längst einer der Besuchermagneten in der Region Moselle. Zudem ist unmittelbar bei der Zitadelle ein Garten des Friedens angelegt, der gemeinsam mit der Festungsanlage des beschaulichen Provinzstädtchens besucht werden kann.

Die Zitadelle von Bitche ist in diesem Jahr vom 22. März bis 19. Oktober (10–17 Uhr) geöffnet. Der Eintritt beträgt für Erwachsene 10 Euro, Kinder und Ermäßigte 8 Euro. Der Garten des Friedens kostet 2 Euro Eintritt. Zudem gibt es zuweilen eine mittelalterliche Ritterschau, die mit 8 Euro zu Buche schlägt. Bitche liegt zwischen Sarreguemines und Wissembourg, ☎ 00 33 / 387 96 18 82. Mehr Infos im Internet unter www.citadelle-bitche.com (auch auf Deutsch).

37 Renaissance alter Handwerkskunst

Zwei Elsässer bewahren das historische Erbe: Korbflechter und Netzknüpfer

Auf eine jahrhundertealte handwerkliche Tradition kann das nördliche Elsass verweisen. Hier gingen Küfer, Wagner, Gerber oder Sattler ihrem Broterwerb noch in einer Zeit nach, als woanders schon die Moderne und die industrielle Produktion eingezogen waren.

Robert Bord aus Mothern gibt sein Wissen über das Korbflechten, bei dem viel Fingerfertigkeit gefragt ist, auch in Workshops weiter.

Auch heute gibt es noch Menschen, die ihr Wissen von einst an die nächste Generation weitergeben. So wie der Korbflechter Robert Bord aus Mothern bei Lauterbourg oder der Netzknüpfer und Hobbyfischer Leon Dupont aus dem benachbarten Munchhausen. Während Bord in Workshops Menschen das Korbflechten lehrt, ist Dupont auf Bauern- und Handwerkermärkten im Elsass unterwegs, um die Besucher mit der Kunst des Fischernetzknüpfens vertraut zu machen. Trotz ihres fortschreitenden Alters bringen beide noch jede Menge Enthusiasmus für ihr Handwerk auf. »Man braucht vor allem Kraft und Fingerfertigkeit, aber auch die nötige Ruhe und Konzentration«, sagt Robert Bord, während er bedächtig einen Korb flicht.

Seit über 55 Jahren beherrscht der 74-Jährige die alte Handwerks-kunst. Gelernt hat er sie einst von seinem Vater. In früheren Zeiten hatten die Bauern in den langen Wintermonaten die Körbe für den eigenen Bedarf hergestellt. Doch das ist lange her. »Früher hatten wir in unserem Dorf noch vier Korbflechter. Aber das ist längst Geschichte«, sagt Robert Bord. Vor seinem Werkraum im Keller stapeln sich Weidenkörbe in vielen verschiedenen Brauntönen, Größen und Mustern. Bauchige, kleine, verspielte oder schlicht funktionelle. Sein Wissen über die traditionelle Handwerkskunst gibt Bord in verschiedenen Kursen weiter, die beispielsweise im benachbarten Naturschutzzentrum Munchhausen angeboten werden. »Es bereitet den Teilnehmern unheimlich viel Freude, wenn sie innerhalb eines Tages einen Korb selber fertig stellen. Natürlich leiste ich Hilfestellung, wenn mancher nicht ganz so schnell ist. Am Ende nimmt jeder seinen Korb mit nach Hause. Für mich ist es wichtig, dieses alte Handwerk weiterzugeben und vor dem Aussterben zu bewahren«, betont der Elsässer, während seine Finger flink und in Windeseile die Weidenstränge zu einem Korb verflechten.

Das Rohmaterial für seine Arbeit findet er in den nahen Rheinauen und Sumpfgebieten bei Seltz und Lauterbourg. Von November bis Januar eines Jahres werden die Weiden geschnitten. Zunächst werden sie getrocknet, während das Laub abfällt. Mit einem speziellen Weidenschäler wird schließlich die Haut entfernt. Und bevor die Stränge verarbeitet werden, werden sie rund eine Stunde zuvor ins

Das Rohmaterial für seine Körbe findet der Elsässer in den nahe gelegenen Rheinauen.

Wasser gelegt, damit sie schön flexibel und biegsam werden. »Das Entscheidende spielt sich im Kopf ab. Man muss die Technik quasi schon verinnerlicht haben. Man muss genau wissen, was man tut. Sonst wird das Ganze natürlich schief und krumm. Wichtig ist, dass der Korb ein Gesicht hat«, sagt der Pensionär, der sich seinem Hobby mit viel Leidenschaft widmet. Auch in Schulen ist er gelegentlich ehrenamtlich unterwegs, um Kindern die Kunst des Korbflechtens zu demonstrieren. Am schwierigsten sei naturgemäß, den Abschluss, also die Oberfläche eines Korbes, zu gestalten. »Entscheidend ist, dass die Weiden schön satt aufeinander liegen und richtig eng miteinander verflochten sind. Man muss zuerst flechten, dann klopfen«, fügt er hinzu, während er mit einer Art Hammer auf die Schlaufen schlägt.

Auf Märkten in der Pfalz oder im Nordelsass repariert er zuweilen Körbe, die ihm die Leute so bringen. »Das sind oft Körbe, die in Fernost gemacht wurden. Das ist zumeist keine besonders gute Qualität. Vor allem der Henkel ist sehr anfällig für Schäden«, sagt Robert Bord. Normalerweise halte ein guter, handgefertigter Korb schon seine zwanzig Jahre. Seine mit Sicherheit. Es versteht sich im Übrigen von selbst, dass seine Frau natürlich nur mit einem selbst angefertigten Korb ihres Gatten zum Einkauf radelt.

Kommt aus einer alteingesessenen Fischerfamilie am Rhein:
Leon Dupont aus dem Nordelsass.

Auch Leon Dupont zählt zu einer aussterbenden Gattung, wenn man so will. Der 68-Jährige aus Munchhausen im Nordelsass zählt zu einer Familie, aus der seit Generationen Fischer hervorgegangen sind. »Selbst mein Urgroßvater war schon Fischer. In den Altrheinarmen haben sie ihren Unterhalt verdient. Das war schon damals harte Arbeit«, erklärt der Pensionär. Doch auch das ist längst

Die Handwerkskunst des Netzknüpfens will Leon Dupont bewahren.

Historie. Damit zumindest das Handwerk des Netzknüpfens nicht verloren geht, präsentiert er es immer wieder auf Märkten im Elsass. »Es war damals die Winterbeschäftigung für die Fischer. Neue Netze wurden geknotet und alte repariert. Die ganze Familie saß zusammen und hat sich dem gewidmet. Das ist mühselige, kleinteilige Arbeit, die einiges an Fingerfertigkeit und vor allem viel Geduld benötigt«, sagt er, während er eine Fadenreihe mit der Nadel flicht. Immer wieder wurden damals die Netze verschlissen oder durch Baumreste zerstört. »Zudem machten Bisamratten und Sumpfbiber den Fischern das Leben schwer. Die Arbeit an den Netzen ging eigentlich nie aus.« Die Reuse wurde abends in den Altrhein eingesetzt und früh morgens bei Tagesanbruch wieder aus dem Fluss gezogen. Die Netze wiederum wurden im Halbkreis vom Boot aus in das Wasser eingelassen in der Hoffnung, dass sich viele Karpfen, Aale oder Barsche dort verfangen. »Aber vom Fischen konnte man schon damals nur schwer leben. Mein Vater hat mir geraten, Schlosser zu werden. Aber der Fischerei bin ich als Hobby immer treu geblieben, auch wenn ich einem anderen Beruf nachging«, erklärt der Nordelsässer. Zumindest will er die Tradition aufrechterhalten, sagt er und widmet sich wieder den Maschen des Langgarn-Netzes. Auch wenn der Lauf der Dinge über kurz oder lang nicht aufzuhalten sei, seinem Steckenpferd bleibt der bärtige »Seemann« aus Munchhausen weiterhin treu.

Robert Bord (4, rue des sapins, Mothern) gibt sein Wissen in Workshops der Pamina VHS Wissembourg / Karlsruhe weiter (www.up-pamina-vhs.org) oder im Naturschutzzentrum Munchhausen (www.nature-munchhausen. com). Der Nordelsässer Leon Dupont ist auf deutsch-französischen Bauernmärkten unterwegs (www.pfaelzerwald.de – auf Aktuelles / Termine klicken).

38 Glaskunst und Art nouveau

Erfolgsgeschichte: das Lalique-Museum in Wingen-sur-Moder

Véronique Brumm hat allen Grund zum Strahlen. Im Juli 2011 eröffnete das Lalique-Museum in Wingen-sur-Moder. Kaum ein Jahr später haben bereits mehr als 120 000 Besucher die Pforten des Museums im elsässischen Hinterland durchschritten. Zudem darf sich die Direktorin darüber freuen, dass die Einrichtung 2012 mit dem Gütesiegel »Musée de France« des Kultusministeriums bedacht wurde. Eine echte Erfolgsgeschichte also. »Wir freuen uns natürlich über die enormen Besucherzahlen. Wir haben viele Gäste aus Belgien, Luxemburg, der Schweiz oder den Niederlanden, aber vor allem natürlich aus Frankreich. Hier ist Lalique eine echte Ikone«, berichtet die Kunsthistorikerin, während die Zahl der Gäste aus Deutschland gerade mal zehn Prozent der Besucher ausmache. Schon die Lage

Außenansicht: Eintritt in die Welt René Laliques in Wingen-sur-Moder.

des Museums ist von Bedeutung. Hier, in Wingen-sur-Moder, errichtete der geniale Glas- und Schmuckkünstler 1921 eine Glashütte. Und in einer ehemaligen Glasmanufaktur (wenngleich nicht in der Laliques) ist auch das Museum beheimatet, das sich architektonisch behutsam in die Landschaft einschmiegt. Schon früh am Vormittag schlängeln sich große Gruppen von Kulturinteressierten durch die

230 Flakons sind in dem Museum ausgestellt.

Einrichtung, die 650 Objekte aus Glas und Kristall aus dem mannigfaltigen Werk beinhaltet. »René Laliques wichtigste Inspirationsquellen waren Flora und Fauna sowie der weibliche Körper. Die Natur also. Das war damals gänzlich neu. Er verhalf mit seinem unkonventionellen Stil der Juwelierskunst zu neuer Blüte. Er verwendete bis dahin wenig beachtete Werkstoffe wie Horn, Elfenbein oder Emaille, paarte sie mit Gold, Glas und Edelsteinen«, erläutert Véronique Brumm beim Rundgang durch das 900 Quadratmeter große, für rund zwölf Millionen Euro erstellte Museum. Einen großen Raum in der Sammlung nehmen 230 Flakons und Puderdosen ein, die der 1860 in der Champagne geborene Glaskünstler kreierte. »Er schuf mit seinen Flakons für die jeweiligen Parfümhersteller ein unverwechselbares Design. Damals kannte man das so nicht. Das Parfüm wurde zuvor in neutrale Apothekerflaschen abgefüllt. So hat er mitgeholfen, eigene Marken zu kreieren. Lalique war äußerst vielfältig. Er war nicht nur ein großer Künstler, sondern auch ein echtes Marketinggenie«, betont die Französin, die selbst aus Wingensur-Moder stammt. Zu den großen Triumphen von Lalique zählt

Eine Besuchergruppe aus Frankreich informiert sich.

die Weltausstellung 1900 in Paris. Seine Werke zogen Aufträge aus aller Welt nach sich. Er kreierte nicht nur Vasen, Schmuck, Skulpturen, Leuchten oder Tafelaufsätze – unter anderem für die Königin von England –, sondern war für die Dekoration von Zügen wie dem Orientexpress oder von Ozeandampfern verantwortlich. Selbst edle Kühlerfiguren für Vehikel der 20er Jahre schuf der Künstler, unter anderem für Citroën. In der Glaskunst revolutionierte er die technischen und indust-

Der weibliche Körper war eine von Laliques Inspirationsquellen.

riellen Fertigungsweisen. »Insbesondere das Spiel mit indirektem Licht war ihm ungeheuer wichtig, ebenso Transparenz und Klarheit. Dies waren wohl die bedeutendsten Facetten seines künstlerischen Schaffens«, so die Museumschefin. Die geschwungenen Formen sowie die zahlreichen Elemente aus der Tier- und Pflanzenwelt, die er in seiner Glaskunst und seinem Schmuck transformierte, machten ihn zu einem wichtigen Vertreter der Art nouveau (Jugendstil) und später des Art déco. Das Museum ist trilingual (Französisch, Englisch, Deutsch) konzipiert. Es gibt einen Film auf Deutsch über das Wirken Laliques. Zudem stehen Audioguides zur Verfügung.

Wingen-sur-Moder liegt zwischen Saarbrücken und Haguenau, westlich von Niederbronn-les-Bains. Das Museum befindet sich in der rue du Hochberg. Zudem gibt es einen Lalique-Garten. Internet: www.musee-lalique.com. Öffnungszeiten: vom 1. April bis 30. September jeden Tag von 10–19 Uhr und vom 1. Oktober bis 31. März dienstags bis sonntags von 10–18 Uhr. Eintritt: 6 Euro, ermäßigt: 3 Euro. Familienpass (zwei Erwachsene und bis zu fünf Kinder): 14 Euro.

Als Flaggschiff der Museumslandschaft im Osten Frankreichs ist ferner das Centre Pompidou Metz zu nennen. Seit der Eröffnung 2010 haben mehr als 1,6 Millionen Menschen (Stand Anfang 2013) das Zentrum für zeitgenössische Kunst besucht. Der markante Museumsbau befindet sich direkt hinter dem Hauptbahnhof der lothringischen Kapitale. Mehr Infos über die aktuellen Ausstellungen findet man im Internet unter www.centrepompidou-metz.fr (auch auf Deutsch).

39 Das keltische Erbe im Nordelsass

Haguenauer Forst mit über 580 Hügelgräbern /
Einst wichtige Handelsstraße entlang der Moder

Bei André Wagner ist die Leidenschaft an der Historie seiner Region förmlich mit Händen zu greifen, wenn er über die Kelten im Nordelsass doziert. Im historischen Museum in Haguenau geht der 79-Jährige ein und aus und führt Besuchergruppen durch die frühzeitlichen Etagen des Museums. »Mich interessieren vor allem die Lücken der Geschichte, die Brüche. Wenn nicht alles hundertprozentig dokumentiert ist, dann wird es interessant«, sagt der Pensionär, der gleichzeitig Vorstandsmitglied des Vereins »Geschichte und Archäologie« in Haguenau ist. Insofern sind die Kelten, die bekanntlich keine eigene Schriftkultur entwickelten und der Nachwelt keine Texte hinterließen, ein gefundenes Fressen für den passionierten Hobbyhistoriker. »Was wissen wir denn über die Kelten? Alles, was wir über sie erfahren haben, ziehen wir aus den Quellen ihrer Feinde. Caesar und die Römer haben natürlich aus ihrer subjektiven Sicht über die Kelten berichtet. In jedem Fall weiß man heute, dass sie hervorragende Astronomen und Handwerker waren. Sie waren

Im Hesselbucher Wald bei Seltz gibt es so manches Hügelgrab zu entdecken.

ihrer Zeit weit voraus«, doziert André Wagner. Eines der bevorzugten Siedlungsgebiete der von den Römern als Barbaren titulierten Bevölkerung am Oberrhein war der Forst bei Haguenau. Mit 23 Nekropolen und über 580 Hügelgräbern ist das Waldareal der Hopfenstadt geradezu eine Fundgrube für Archäologen. »Das ist eine der dichtesten Ketten von Hügelgräbern in Europa. Heutzutage kann man davon aber kaum mehr etwas sehen. Das wurde vor langer Zeit schon eingeebnet. Die wenigen Hügelgräber, die man heute sieht, wurden künstlich aufgeschüttet«, weiß der Pensionär. Vor allem die Schmiedekunst und die handwerklichen Fähigkeiten der Kelten hebt er hervor. »Es ist außergewöhnlich, was sie alles aus Holz herge-

Ein keltisches Bronzeschwert (1000 v. Chr.), zu sehen im Museum von Seltz.

stellt haben. Sie waren sehr gute Holzarbeiter und Zimmermänner sowie Hersteller filigranen Schmucks«, sagt Wagner und deutet auf einen Bronzegürtel, der hinter der Vitrine des historischen Museums in Haguenau zu bewundern ist. »Gerade die breiten Bronzegürtel waren typisch für die Kelten in der Region. Auch bestimmte Verzierungen wie Schlangenmotive sind immer wieder zu finden.« Auffällig sei vor allem, dass um Haguenau herum keine römischen Ortsnamen zu finden seien. »Entlang des Flusses Moder findet man nur Namen keltischen Ursprungs. Hier war eine große Handelsstraße, beispielsweise für Salz und Bernstein. Hier ging quasi alles durch«, sagt der gebürtige Haguenauer, der auch über seine 34 000 Einwohner zählende Heimatstadt bereits mehrere Publikationen veröffentlicht hat. Und: »Es gibt ja etliche keltische Heiligtümer in der Region, wie beispielsweise den Donon. Der höchste Berg der Nordvogesen wurde schon im neolithischen Zeitalter als Kultplatz und strategischer Punkt genutzt. Noch bis heute gibt beispielsweise die Heidenmauer am Odilienberg Rätsel auf«, betont André Wagner.

Und eines ist auch gewiss: Die Geschichten und historischen Anekdoten werden dem Elsässer mit Sicherheit nicht so schnell ausgehen,
wenn er Besucher über die Frühzeit im östlichen Teil Frankreichs
informiert. Dem keltischen Erbe hat sich auch die Maison Krummacker in Seltz verschrieben. In der Gemeinde im Nordelsass lassen
sich zahlreiche Spuren der keltischen Besiedlung feststellen, die
in dem Museum akribisch zusammengetragen wurden. Zahlreiche
Objekte erinnern an das geheimnisumwitterte Volk und ihre Kultur. Begräbnisurnen, Keramiken, Weinkrüge, Medaillons mit Spiral-
motiv, Münzen, Schmuck und Armbänder aus der Latènezeit sind
beispielsweise in dem Museum zu betrachten. Beeindruckend sind
unter anderem ein Körpergrab sowie ein Bronzeschwert der Kelten
(1000 v. Chr.), welches in einer Kiesgrube unweit von Seltz gefunden wurde. Augenfällige Überreste der keltischen Zivilisation sind
auch diverse Hügelgräber, die als Grabstätten dienten, im Seltzer
Wald. Das Städtchen, das zwischen Lauterbourg und Haguenau
liegt, hatte von jeher strategische Bedeutung als Salzstraße (dar-
aus leitet sich der Name Seltz ab). Als eine der Stationen auf dieser
Route wurde das Salz aus den lothringischen Salinen hier vorbei-
transportiert. Neben dem keltischen Erbe wird auch die Merowinger-
und Karolingerzeit in der Maison Krummacker thematisiert.

Das Musée Historique in Haguenau (nördlich von Straßburg) befindet sich
in der 9, rue du Maréchal Foch, ☎ 0033/388902939. Internet: ville-
hagenau.fr/musee-historique. Das Maison Krummacker in Seltz (vis-à-vis
von Rastatt auf elsässischer Seite) befindet sich in der 2, avenue du Général Schneider, ☎ 0033/388055979. Etliche Hügelgräber und Tumuli
lassen sich im Hesselbucher Forst bei Seltz entdecken. Man gelangt dort
hin, wenn man die A35 in Frankreich bei Seltz verlässt, dann weiter Richtung Betschdorf/Hatten fährt. Anschließend gleich die erste Möglichkeit
rechts in ein Waldstück abbiegen. Die Info-Stelle befindet sich nur wenige Hundert Meter von der Autobahn entfernt und ist schwer einsehbar.
Man fährt leicht daran vorbei.

40 Harte Zeiten für die Töpfer im Elsass

Asienkonkurrenz macht Handwerk zu schaffen / Touristen kaufen immer weniger in Soufflenheim und Betschdorf

Soufflenheim und Betschdorf gelten als **die** Töpferdörfer im nördlichen Elsass. Bereits seit dem Mittelalter wird dort dem traditionsreichen Handwerk nachgegangen. Der Hagenauer Forst mit seinen riesigen Holzvorräten und der dort vorhandene lehmige Boden bieten beste Voraussetzungen für die Töpferzunft. Doch aktuell stehen die Zeichen nicht mehr ganz so gut. Die Zeiten für die Werkstätten sind nämlich längst nicht mehr so rosig wie in den Jahrzehnten oder gar den Jahrhunderten zuvor. »Wir müssen schon ganz schön kämpfen. Vor allem die Konkurrenz aus Asien, die wesentlich billiger produziert als wir, macht uns zu schaffen. Die bieten zwar

Martin Remmy betreibt sein Handwerk in Betschdorf – trotz rückläufiger Verkaufszahlen.

Bei 1250 Grad wird das Steingut im Ofen gehärtet.

nicht die gleiche Qualität wie wir, aber die Kunden schauen heutzutage leider immer mehr auf den Preis«, erklärt Marc Siegfried, der
bereits in der fünften Generation in Soufflenheim Keramikwaren
produziert. Hinzu kommt, dass immer weniger Touristen ihr Porte-
monnaie in den Werkstätten der idyllischen Fachwerkdörfer öffnen.
»Vor zehn Jahren kamen noch etwa fünfzig Prozent unserer Kunden
aus Deutschland, heutzutage sind es vielleicht gerade mal fünf bis
zehn Prozent. Woran das liegt, weiß ich auch nicht genau«, fährt
Marc Siegfried fort. Gemeinsam mit seiner Tochter Chloe und seiner
Frau Gabrielle hält er den Familienbetrieb im Ortskern von Soufflenheim aufrecht. Aber nicht nur Asienkonkurrenz und Billigdenken
der Verbraucher befeuern den schleichenden Niedergang der Poterien nördlich von Strasbourg, auch der Weinbau und der Tourismus
haben die Töpferei als Hauptwirtschaftszweig im Nordelsass schlicht
überholt. Dennoch will der 51-Jährige weiter an seinem Handwerk
festhalten. Und wohin das Auge blickt, sieht man in dem schmucken Ladengeschäft im Hinterhof die meist kobaltblauen oder rost-
braunen Schüsseln, Vasen, Auflaufformen und das Backofen- oder
Gebrauchsgeschirr. Natürlich, typisch für das Elsass, oft mit Tiermo-
tiven, Blumenmustern oder Weinreben verziert. Auch modern aufgemachte Utensilien des Alltagsgebrauchs für den Garten sind bei
»Gaston et fils« zu haben. Von Tochter Chloe wird der Ton zumeist
in Form gebracht, ehe er bei 1000 Grad gebrannt wird. Für die Bemalung ist im Familienbetrieb Mutter Gabrielle zuständig. Und das
soll auch in Zukunft so bleiben. »Ich liebe einfach den Kontakt zur

Erde und mit den Händen zu arbeiten«, teilt Chloe Siegfried mit. Sie hoffe, wie sie achselzuckend betont, dass die Kunden nach wie vor die manuelle Arbeitsweise zu schätzen wüssten. Ortswechsel ins wenige Kilometer entfernte Betschdorf bei Soultz-sous-Forêts. Auch Martin Remmy und seine Familie haben zu kämpfen. Bereits in der dreizehnten Generation arbeitet der Juniorchef der gleichnamigen Firma als Töpfer. Über die Ardennen und den Westerwald ließen sich die Nachfahren von Hugenotten einst im Nordelsass nieder und produzieren seit Beginn des 18. Jahrhunderts in Betschdorf vornehmlich salzglasiertes Steingut. Heutzutage mit immer größeren Absatzschwierigkeiten. »Den Leuten sitzt das Geld einfach nicht mehr so locker wie das früher der Fall war. Spontankäufe gibt es immer weniger. Hinzu kommen Finanzkrise, hohe Spritpreise und ähnliche Dinge, die uns das Geschäft vermiesen«, betont Remmy und fügt hinzu: »Früher sind hier am Wochenende die Straßen voll gewesen. Das ist lange vorbei. Heutzutage gibt es überall Straßenfeste und viele andere Angebote. Das Freizeitverhalten ist einfach ein anderes als früher. Für uns sind die Zeiten schwieriger geworden«, sagt er, während er routiniert die Töpferscheibe bearbeitet und mit schlafwandlerischer Sicherheit einen Bierkrug nach dem anderen

Gabrielle Siegfried ist bei »Gaston et fils« in Soufflenheim für die Bemalung der Keramiken zuständig.

herstellt. Während in Soufflenheim mehr auf Quantität produziert werde, sieht er in Betschdorf verstärkt den künstlerischen Part. »Bei uns wird noch mehr mit der Töpferscheibe gedreht, in Soufflenheim dagegen wird mehr in Form gepresst und anschließend gebrannt. Deshalb haben wir auch weniger Probleme mit der Konkurrenz aus Asien. Die Individualität, die wir haben, können die nicht bieten. Wir dagegen müssen uns mit Poterien in Holland und an der belgischen Grenze messen. Und auch da ist der Wettbewerb härter geworden. Ich glaube, wir haben hier vielleicht noch sieben oder acht Familien, die vom Töpfern leben können.« Neben traditionellem Steingut verkaufen sich gerade moderne Skulpturen oder Tierfiguren etwas besser, die in der großräumigen Werkstatt mit Verkaufsraum ausgestellt sind. Mit 1250 Grad wird das Steingut 24 Stunden im Ofen gebrannt und benötigt zwei Tage bis zum Abkühlen. Auch Martin Remmy liebt seinen Job, der sehr kreativ sei und wenig mit Routine zu habe. Seinem Nachwuchs empfiehlt er aber nicht unbedingt ins Töpferhandwerk einzusteigen. »Die werden ihre eigenen Wege gehen. Das macht sicherlich mehr Sinn.« Dass damit eine jahrhundertealte Familientradition zu Ende gehen würde, erfüllt den Franzosen nicht wirklich mit Nostalgie. Um auch im Hier und Heute über die Runden zu kommen, setzt man in den Gemeinden seit einiger Zeit auf »Offene Ateliers« und Marketingaktionen. Vor einiger Zeit wurde ein gemeinsamer Verband gegründet, um die Töpferqualität aus dem Nordelsass mit einem Echtheitszertifikat zu versehen. Alle handgemachten Waren aus den Werkstätten der Region werden mit einem Prüfzeichen (»Potiers d'Alsace«) versehen. Ein Logo wurde ebenfalls kreiert und Flyer auf Englisch, Französisch und Deutsch gestaltet. Auf diese Weise will man die Touristen für Qualität sensibilisieren. Ansonsten wird sich der weitere Niedergang wohl kaum aufhalten lassen.

Die malerischen Töpferdörfer Betschdorf und Soufflenheim liegen zwischen Haguenau auf französischer Seite und Baden-Baden auf deutscher Seite, unweit des neuen Factory Outlets Roppenheim an der französischen A 35. Zahlreiche Töpfer sind mit ihren Ateliers und Geschäften entlang der Hauptstraßen der beiden Ortschaften vertreten. In Betschdorf gibt es zudem ein Töpfermuseum (www.betschdorf.com).

Töpferei Gaston et fils: Öffnungszeiten: Mo–Sa 10–12 Uhr und 14–18 Uhr, sonn- und feiertags 14–17 Uhr. Adresse: 4, rue de la Montée, Soufflenheim. ☎ 00 33 / 388 86 65 25.

Töpferei Remmy, 16, rue des Potiers, Betschdorf (gleiche Öffnungszeiten). ☎ 00 33 / 388 54 49 38.

41 Nationalheldin aus Lothringen

Auf den Spuren von Jeanne d'Arc / Bauernmädchen, Märtyrerin und Schlachtenlenkerin

Still liegt es da – eingebettet in eine idyllische Landschaft, zwischen weiten Feldern: das Geburtshaus von Jeanne d'Arc. In ihrem Geburtsort Domrémy-la-Pucelle im Département Vosges ist der französischen Nationalheldin ein Museum gewidmet, das en détail den Werdegang der Jungfrau von Orléans nachskizziert: von der erfolgreichen Schlachtenlenkerin zum Opfer auf dem Scheiterhaufen sowie der nachträg-

Beeindruckend: Geburtsstätte von Jeanne d'Arc. 2012 jährte sich der Geburtstag der Märtyrerin aus Lothringen zum 600. Mal.

lichen Rehabilitierung und Heiligsprechung. Rund 30 000 Interessierte besuchen das Museum pro Jahr. 2012 stieg die Zahl jedoch deutlich nach oben. Der Grund: am 6. Januar 1412 – vor 600 Jahren – erblickte das Bauernmädchen das Licht der Welt. Das Tourismusamt Lothringen widmete dem Jubiläum eine groß angelegte Kampagne mit zahlreichen festlichen Veranstaltungen. Olivier Bialecki vom Conseil Général des Vosges, der die Jubiläumsfeierlichkeiten koordinierte, resümiert: »Jeanne d´Arc ist eine sehr wichtige Ikone Frankreichs. Sie zählt nicht nur zum historischen Erbe Lothringens, sondern der ganzen Republik. Entsprechend haben wir die Feierlichkeiten gestaltet – mit internationalen historischen Kolloquien, Ausstellungen, Konzerten sowie zahlreichen weiteren Gedenkfeierlichkeiten für die breite Öffentlichkeit.« Während des 100-jährigen Kriegs hatte Jeanne d'Arc als Heerführerin die Franzosen gegen die Engländer und Burgunder in die Schlacht geführt. Ein junges Bauernmädchen aus Lothringen, das sich wie ein Mann kleidete, völlig unbedarft in Kriegsführung, zudem von niederem Stand. Einzig und allein ihre Vision, Frankreich von der Herrschaft der Engländer zu befreien, und ihre Überzeugungskraft hatten dies möglich gemacht. Christus habe ihr offenbart, dass ihr diese Lebensaufgabe zufalle. Nach einer Audienz am französischen Hof, zu der man sie völlig überraschend zugelassen hatte, ließ man sie kurioserweise auch noch gewähren. Und: Sie eilte zunächst von Sieg zu Sieg. Später verließ sie jedoch das Schlachtenglück. Durch Verrat wurde sie schließlich an die Engländer verkauft. In einem umstrittenen Kirchenprozess wurde sie letztlich an den Pranger gestellt. Offensichtliches Ziel war es, Jeanne d'Arc zum Tode zu verurteilen, falls sie nicht von ihrer göttlichen Vision abließe. Am Ende wurde sie wegen Ketzerei auf dem Scheiterhaufen in Rouen verbrannt, aber bereits 1456 zur Märtyrerin erklärt und 1920 gar heiliggesprochen. Die erstaunliche Vita der Lothringerin, welche die Geschichte des Landes nachdrücklich veränderte, wird in dem modernen Museumsbau hervorragend nachskizziert. Insbesondere ihre Standhaftigkeit, aber auch ihr religiöser Wahn während des zweifelhaften Prozesses werden intensiv

Das Schicksal der Schlachtenlenkerin aus Lothringen beeindruckt die Menschen auch heute noch.

beleuchtet. Beeindruckend auch das Geburtshaus, das durch seine Schlichtheit fast schon postmoderne Züge aufweist. Im angegliederten Museum versetzt ein szenographisch bestens gemachter Film den Betrachter in die Zeit des 15. Jahrhunderts zurück. Höfische Musik, komponiert von André Voltz, unterstützt dies nachdrücklich. In dem Museum sind zahlreiche Dokumente und Karten jener Zeit nachgebildet. Neben etlichen Skulpturen gibt es eigens ein Schauspiel mit mechanischen Puppen in Ritter- und Adelskostümen. Das Museum in Domrémy liegt zwischen Nancy und Vittel. Auch in Rouen gibt es eine Gedenkstätte mit Museum über die Nationalheldin, deren Mythos von französischen Politikern jeglicher Couleur gerne instrumentalisiert wird.

Das Museum (Geburtshaus, Centre Johannique) in dem kleinen Dorf Domrémy-la-Pucelle liegt nördlich von Neufchâteau, unweit der A31. Bei Redaktionsschluss war das Museum wegen Umbauarbeiten geschlossen. Bitte informieren Sie sich unter www.domremylapucelle.leclosdomremy.fr/musee.htm, ob es wieder geöffnet hat.

42　Das harte Leben der Mineure

Lothringen war stark vom Eisenerzabbau geprägt / 150 Jahre Bergbautradition gingen in Neufchef 1989 zu Ende

Antoine Bach weiß, wovon er spricht. Schließlich war der Präsident des Vereins »Eisenerzmuseen in Lothringen« (AMOMFERLOR) selbst rund 35 Jahre unter Tage. Heutzutage klärt der 71-Jährige Besucher über das Erbe des lothringischen Eisenerzabbaus auf, der seine erste Blütezeit Mitte des 19. Jahrhunderts hatte und dessen Ära 1989 endgültig zu Ende ging. Im Museum in Neufchef, eine halbe Autostunde nördlich von Metz, erfährt man hautnah, was es für die Mineure bedeutete, täglich in die Gruben zu steigen und Knochenarbeit zu verrichten. In einem rund einen Kilometer langen Rundgang kann man selbst in die Unterwelt aus Stollengängen abtauchen und auf den Spuren der Bergarbeiter wandeln. Hintergrund: Vor rund 180 Millionen Jahren war die gesamte Region – von den Vogesen bis zu den Ardennen – von einem Meer bedeckt. Dort entstanden die mächtigen erzführenden Schichten, die später in bis zu 250 Metern Tiefe abgebaut wurden. Die Erzlager bestehen aus kalk- oder siliziumhaltigem Gestein. Allerdings beträgt der Eisengehalt des lothringischen Erzes lediglich 30 bis 35 Prozent. In anderen Ländern, in denen Erz ausgebeutet wird – in China, Australien oder Südafrika beispielsweise – ist der Eisengehalt wesentlich höher und die Produktion günstiger. Nach dem Zweiten Weltkrieg nahm daher die Zahl der Mineure in Lothringen – rund 25 000 arbeiteten noch in den 1960er Jahren in der Eisenerzindustrie – beständig ab. Der Niedergang wurde zu Beginn der 70er Jahre des vorigen Jahrhunderts eingeläutet. 1989 war dann Schicht im Schacht. Nach gut 150 Jahren Eisenerzabbau kam die Produktion endgültig zum Stillstand. »Für die Region war das natürlich eine mittlere Katastrophe. Viele Menschen wurden arbeitslos, es gab kaum Alternativen. Eine ganze Generation stand vor dem Nichts«, erinnert sich Antoine Bach zurück. Im Laufe der Zeit nutzten viele die Grenznähe zu Luxemburg und fanden Jobs im Großherzogtum. Die Nachfrage vor dem Zusammenbruch der

Legung einer fiktiven Sprengladung in der stillgelegten Grube in Neufchef.

Knochenarbeit mussten die Mineure mit dem Pickel verrichten, um an das Eisenerz zu kommen, wie der Guide demonstriert.

Industrie war so enorm, dass einheimische Arbeiter den Bedarf bei weitem nicht decken konnten. Rund zwei Drittel der »Kumpel« kamen aus Italien oder Polen. Sie lebten in Reihenhaussiedlungen nahe ihrer Arbeitsstätten, wie man sie auch von Englands Norden mit seiner Bergbautradition kennt. Romantisch verklärt Bach, der früher als »Kapo« in seiner Mine gearbeitet hat, die Vergangenheit nicht. »Das war extrem harte physische Arbeit. Und natürlich sehr gefährlich aufgrund der Sprengungen und der gesamten Bedingungen unter Tage. Aber wir hatten auch einen Zusammenhalt, den man heutzutage nicht mehr kennt«, stellt der 71-jährige Ex-Mineur fest. Auch das gesamte soziale Leben mit Sport- und Musikvereinen sei eng mit der Mine von Neufchef verbunden gewesen. Allerdings müssen die Arbeitsbedingungen – vor allem zur Frühzeit des Abbaus – geradezu abenteuerlich gewesen sein. Damals wurde noch mit Pickel und Handbohrer gearbeitet. Die Bergleute wurden pro Tonne entlohnt und mussten gar Sprengstoff und Arbeitsgerät selbst bezahlen. Die Sprengung erfolgte per Hand. Es wurden flache liegende Löcher gebohrt und mit Schwarzpulver gesprengt, um das Erz zu lockern. Das zerkleinerte Erz wurde mit einem Tragekorb und einer Schubkarre nach draußen befördert. Ab 1865 nutzte man Holzloren auf Schienen zum Abtransport, ab 1885 Erzwagen aus Eisenblech. Den elendigsten Job hatten wohl die Minenpferde. Sie mussten eine Wasserpumpe in Bewegung setzen – um eine Tonne Erz zu fördern, mussten 100 Hektoliter Wasser abgepumpt werden – und bewegten sich tagein, tagaus auf dem harten Gesteinsboden im Kreis. In manchen Gruben kamen sie lediglich am Wochenende nach draußen. In den Gruben mit Schachtanlagen verblieben sie jedoch bis zum Tod in der Unterwelt. Viele erblindeten im Dunkeln, ehe sie nach im Schnitt sechs Jahren in der unwirtlichen Umgebung verendeten. »Im Laufe der Zeit wurden Pickel und Drehkurbel durch

Auf Loren wurde das Eisenerz an die Oberfläche befördert.
Interessierte informieren sich über die harte Arbeit unter Tage.

Bohrhämmer ersetzt. Nach 1900 übernahm Pressluft die mühselige Arbeit der Handbohrer. 1950 wurde dann alles wesentlich technologischer: elektrische Lademaschinen, Grubenmaschinen mit Elektro- oder Dieselmotoren und Greifarmlader nahmen ihre Arbeit auf«, erklärt Antoine Bach. Aber die Zeit für die Kumpel in Lothringen war damals im Grunde schon fast abgelaufen. Das Eisenerz aus der Region Moselle, das bereits seit gallorömischer Zeit abgebaut, aber erst seit der Industrialisierung Mitte des 19. Jahrhunderts in großem Stil gefördert wurde, verlor seine Bedeutung. Die Minen im Osten Frankreichs wurden nach und nach geschlossen, die Bergarbeitertradition ging zu Ende. Die Hochöfen in Thionville oder Longwy wurden nicht mehr befeuert. »Was soll man machen? Das Leben muss ja weitergehen. Auch wenn hier eine wichtige Industrie, welche die Menschen geprägt hat, verloren ging. Aber daran wollen wir erinnern«, so Vereinschef Bach. Er und die Ehrenamtlichen des Vereins halten das Industriedenkmal in Schuss und informieren Besucher bei einem Rundgang unter Tage ausführlich.

Neufchef liegt zwischen Metz und Thionville. Das Museum hat ganzjährig (außer montags) von 14 bis 18 Uhr geöffnet. Eintritt: Erwachsene 8 Euro, Kinder und Studenten 4 Euro, Gruppen jeweils 7 Euro. Die Ausstellung ist trilingual (Deutsch, Französisch, Englisch). Es stehen Audioguides zur Verfügung. Zudem gibt es Führungen durch die Grube. ☎ 0033/ 3828576 55. Infos im Internet: www.musee-minesdefer-lorraine.com.

Longwy steht für hochwertige Tonkeramik / Industriestadt hat einst bessere Zeiten gesehen

Irgendwie scheint sich der Reichtum Luxemburgs hinter dessen Grenze verschanzt zu haben. Nur einige Kilometer weiter, im lothringischen Longwy, scheint nichts davon angekommen zu sein, trotz der vielen Pendler, die im Großherzogtum ihrer Arbeit nachgehen. Zahlreiche heruntergekommene Gebäude, etliche leer stehende Häuser. Die 15 000 Einwohner zählende Stadt im Norden Lothringens versprüht einen eher tristen Charme und das, obwohl die Befestigungsanlage der Oberstadt immerhin zum UNESCO-Weltkulturerbe zählt. Fast scheint die Stadt im herbstlichen Kleid ein Gegenentwurf zum prosperierenden Großherzogtum auf der anderen Seite der Grenze zu sein, deren Schlagbäume längst ausgedient haben. Nachdem die letzten Stahlhüttenwerke in den 70er und 80er Jahren dicht machten, wurde die Industriestadt ganz offensichtlich ihrem Schicksal überlassen. »Ja, wir sind mit unseren Produkten quasi genau das Gegenteil zu Longwy, wenn man so will. Wir sind sehr bunt und farbenfroh«, sagt Arnold Kostka mit einem leichten Anflug von Galgenhumor. Seine Familie hat vor gut 15 Jahren das Un-

Firmenchef Arnold Kostka: der Lothringer hält die Fäden des Traditionsbetriebs in der rue des Émaux in der Hand.

ternehmen »Faïenceries et Émaux de Longwy« übernommen und zu neuer Blüte geführt. Aber leben will der 50-Jährige dann doch lieber nicht in Longwy. Täglich nimmt er stattdessen eine eineinhalbstündige Anreise von seinem Wohnort Nancy in Kauf. In jedem Fall kann das Unternehmen mit einer Historie aufwarten, die ihresgleichen sucht. Seit 1798 werden Steingut und Emailprodukte von Émaux de Longwy produziert und in ganz Frankreich sind die Keramikwaren aus der Stadt im Département Meurthe-et-Moselle bekannt. »Sieben von zehn Franzosen kennen die Emailprodukte aus Longwy. Für diese Tradition und ihre kunstvoll glasierten Tonwaren steht die ganze Stadt«, sagt

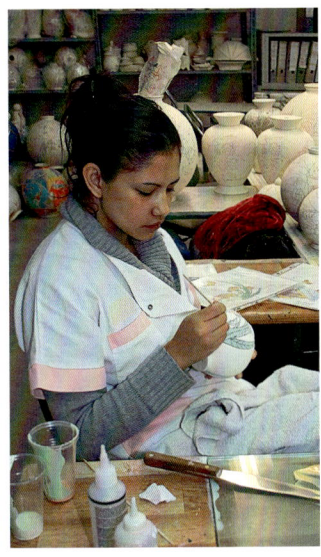

Vornehmlich Frauen arbeiten in dem Unternehmen. Eine ruhige Hand, Konzentration und viel Kreativität sind gefragt.

Arnold Kostka, der viele Jahre in New York lebte und Art déco-Produkte aus Frankreich in den USA vertrieb, ehe seine Familie das Unternehmen übernahm, das damals am Boden lag. Mittlerweile floriert das Unternehmen mit seinen 50 Mitarbeitern wieder, das vor dem Zweiten Weltkrieg noch etliche Hundert Mitarbeiter hatte. Auch andere Emailproduzenten haben sich im Laufe der Zeit wieder in Longwy angesiedelt. In Zeiten der Finanzkrise hat die Firma jedoch zu kämpfen und verlor fast zwanzig Prozent Umsatz, sieht aber jetzt wieder positiv in die Zukunft. Man gewinnt wieder neue Distributeure und Kunden hinzu, was nicht ganz einfach ist, denn kostengünstig sind die aufwendig manuell hergestellten Vasen, Lampen oder Dosen nicht unbedingt. Das Gros kostet einige Hundert oder gar mehrere Tausend Euro. Bis zu 15 000 Euro darf man für die Premiumprodukte des Betriebs auf den Tisch legen. Von traditionellen Motiven hat man sich im Übrigen in jüngster Zeit weitgehend abgewandt, dafür haben moderne Klassiker Einzug gehalten. Auf eine Idee ist Kostka besonders stolz. Zu den Jubiläen berühmter Persönlichkeiten wie Mozart, Renoir oder Klimt werden Sondereditionen herausgegeben. Offensichtlich läuft das Gewerbe mit zeitgenössischen Kollektionen bei einer solventen Klientel mit beachtlichem Erfolg. Das Unternehmen vertreibt seine Kunstobjekte in aller Welt. Hauptabnehmer ist Frankreich, aber auch im nahen

Belgien, den USA oder Tunesien gibt es Tonkeramik von Émaux zu erwerben. In Deutschland gibt es erstaunlicherweise nur ein einziges Geschäft, welches die Waren aus Longwy vertreibt, genauer in Baden-Baden. Und dort besteht die kaufkräftige Kundschaft vornehmlich aus gut betuchten Russen, die in der Kurstadt an der Oos verweilen. »Bei der russischen Kundschaft laufen unsere Produkte wirklich sehr gut. Sie haben eine Affinität zu künstlerisch hochwertigem Design und natürlich das nötige Kleingeld. Wir sind ja definitiv mit unseren Emailobjekten im High-End-Bereich. Auch in den arabischen Staaten am Golf werden unsere Produkte sehr geschätzt«, betont der 50-Jährige, während er durch die Produktion schreitet. Die Technik hat sich im Laufe der Jahrhunderte im Übrigen nur geringfügig geändert. Hochmoderne Maschinen sucht man in der Fabrik vergebens. Viele flinke Hände kreieren die Kunstwerke für die heimischen Kommoden der Kunden. Vornehmlich Frauen sind mit dem Bemalen des Steinguts beschäftigt. Die Designer, etwa 35 an der Zahl, sind extern tätig. »Das hier ist ein ganz wichtiger Mitarbeiter«, sagt Arnold Kostka und deutet auf einen kahlköpfigen Mann in weißer Arbeitskleidung. »Er stellt die Muttern, die Hauptformen, her – die Basis für alles.« Mehrmals wird das Steingut vor seiner Vollendung gebrannt, mit bis zu 1400 Grad über Nacht im Ofen. »Die Arbeit ist diffizil und herausfordernd. Aber wir haben sehr gute Mitarbeiter.« So auch in der Qualitätskontrolle. Die Damen in den weißen Kitteln müssen ein gutes Auge haben, um auch kleinste Unebenheiten zu erkennen. Früher wurde im Übrigen auch hochwertiges Geschirr in den Produktionsstätten von Longwy hergestellt. Aber das rentiere sich schon lange nicht mehr. »Schauen sie. Früher gab es zur Hochzeit für das Brautpaar unter anderem Geschirr. Oder junge Frauen haben lange auf ein Tafelservice gespart. Das ist doch alles längst Geschichte. Heute gibt es einen Plasmafernseher. Fertig, aus. Für kunstvolles Geschirr interessiert sich die Masse doch längst nicht mehr«, hat der Mann, der aus St. Mihiel stammt, neben einem guten Geschäfts- auch einen ausgeprägten Realitätssinn. In jedem Falle: »Wir sind sehr stolz auf unsere lange Tradition und wollen diese auch in die Zukunft retten. Ich bin mir sicher, dass uns das gelingt. Qualität ist zu allen Zeiten gefragt.«

Longwy liegt im Norden von Lothringen, unweit der Grenzen zu Belgien und Luxemburg. Die Faïenceries et Émaux de Longwy liegt an der 3, rue des Émaux in Longwy, unweit des Bahnhofs. Dort gibt es die Waren zu den üblichen Ladenöffnungszeiten zu erstehen. Im Showroom gibt es auch das eine oder andere Schnäppchen.

44 Weberschiffchen schon lange passé

Museum in Ventron gibt Einblick in die einst blühende Textilindustrie in den Vogesen

Mehr als ein Jahrhundert war sie neben dem Bergbau die dominierende Industrie in den Vogesen – die Textilverarbeitung. 1825 wurde die erste Spinnerei in Saulxures-sur-Moselotte gegründet. Zu Beginn der 50er Jahre des vergangenen Jahrhunderts hatte es sich jedoch wieder weitgehend ausgesponnen. Die Zeit der Textilfabriken in Lothringen war abgelaufen. Mit der deutlich günstigeren Konkurrenz konnte man nach dem Zweiten Weltkrieg in den Tälern der Vogesen nicht mehr mithalten. Exemplarisch für den Aufschwung und den Niedergang der Industrie steht das Textilmuseum in Ven-

tron. In dem Gebäude war zwischen 1855 und 1952 eine Fabrik beheimatet. 1840 kamen die ersten mechanischen Webstühle nach Ventron. Heutzutage rattern die Maschinen jedoch nur noch, wenn Touristen zu Besuch sind. Im Laufe der Jahrzehnte setzte das verschlafene Örtchen in den Hochvogesen, das so ziemlich in der Mitte zwischen dem elsässischen Mulhouse und dem lothringischen Épinal liegt, zunehmend auf Winter- und Skitourismus. »Früher haben allein hier im Ort etliche Hundert Menschen in den Textilfabriken gearbeitet. Doch das ist lange her. In den gesamten Vogesen und der angrenzenden Region haben viele Tausend

Mechanisches Zeitalter: die Rädchen greifen ineinander. Mehr als 100 Jahre währte die Ära der lothringischen Textilindustrie.

Menschen in dieser Industrie gearbeitet. Es war ja alles vorhanden: die Wasserkraft der Bergflüsse, Holz, handwerkliches Können und jede Menge Arbeitskraft. Umso größer war natürlich die Depression, als der Niedergang begann und die Baumwollweberei gänzlich aus dem Alltagsleben verschwand«, erläutert Marie Helle. Die Museumsmitarbeiterin, die aus Saint-Dié-des-Vosges stammt, führt Besucher durch das beeindruckende Industriedenkmal mit dem Mühlenrad.

Museumsmitarbeiterin Marie Helle informiert die Besucher
über Technik und Maschinen.

Die 33-Jährige ist vom Fach. Sie studierte Textildesign im nahe gelegenen Mulhouse, das zu Zeiten der industriellen Revolution ein
Zentrum der ostfranzösischen Textilindustrie war. »Mich hat die
Herstellung von Kleidung seit jeher interessiert. Das faszinierte mich
eigentlich schon als Kind. Und wenn hier die Maschinen laufen und
die Weberschiffchen in Aktion sind, das hat schon fast etwas Ma-
gisches«, begeistert sich die charmante Textil-Expertin, während sie
die technischen Abläufe der Produktion erklärt. Wie ein Monument
des verblichenen mechanischen Zeitalters drehen sich die Maschinen
wie ein Uhrwerk. Freilich gab es auch damals schon viele Schatten-
seiten. Die Arbeiter mussten lange schuften für wenig Lohn. Die
Textilmagnaten bauten sich in der Umgebung ihre Villen. »Kinder-
arbeit war beispielsweise weit verbreitet. Zum Teil mussten sogar
Achtjährige die Maschinen reinigen, weil nur sie klein genug waren,
um zwischen die Maschinen zu kommen. Und natürlich war die
Arbeit sehr gefährlich. Auf Sicherungsmaßnahmen zugunsten der
Arbeiter wurde nicht allzu viel Wert gelegt. So manche Hand wurde
in den Fabriken abgetrennt«, berichtet Marie Helle aus den Zeiten
der industriellen Revolution. Der Nachschub an Baumwolle für die
Textilindustrie kam aus Afrika, Asien und den Vereinigten Staaten.
Die bis zu 300 Kilo schweren Baumwollballen kamen per Schiff und
dann mit dem Zug weiter nach Lothringen. Der Stoff »Grand Ventron« aus den Webereien der Umgebung war weithin geschätzt. Im
Untergeschoss des Museums kann man die Wasserräder begutachten, welche die Mühle antreiben. Zudem ist dort die Schmiede untergebracht. Bei Niedrigwasser wurde die Dampfmaschine in Betrieb

genommen, um die Wasserkraft zu ergänzen. Ende des 19. Jahrhunderts ermöglichte elektrischer Strom die bessere Beleuchtung der Arbeitsräume und ersetzte die bisher genutzten Petroleumlampen. Mitte des 20. Jahrhunderts wurde schließlich die Elektrizität eingeführt, welche Dampfmaschinen und Turbinen allmählich ersetzte. Die Elektromotoren trieben zuerst die »Karusselle« und dann die einzelnen Maschinen an. Im Erdge-

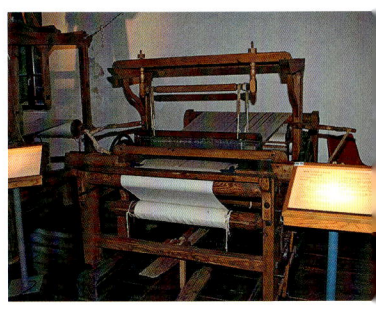

Webstühle gibt es in dem Industriedenkmal reichlich zu begutachten.

schoss des Industriedenkmals hat die Baumwollspinnerei ihren Sitz. Seit dem 19. Jahrhundert wurde die Baumwolle in den Vogesen verarbeitet und in den Textilwerken von Mulhouse bedruckt. »Zahlreiche Betriebe hatten sich in der Region angesiedelt. Neben den Spinnereien und Webereien auch Färbereien und Bleichereien. Vor der Industrialisierung hatten die Menschen vorwiegend in Heimarbeit gearbeitet«, erklärt Marie Helle. Im ersten Stock des Gebäudes befindet sich die Weberei. Etwa 90 Webstühle verarbeiteten dort Kaliko, ein Tuch aus Baumwolle, für die Stoffdruckereien im Elsass. Alle Maschinen wurden durch Räderwerk, Rollen und Riemen in Gang gesetzt, die in der Ecke des Erdgeschosses hängen. Das Antriebssystem – das Karussell – betrieb man durch eine Wasserturbine von 16 PS. Bis zum Ende des 18. Jahrhunderts wurde Garn aus Flachs, Wolle, Hanf oder Ginster vorbereitet, aufgewickelt und in Heimarbeit im Handwebstuhl gewebt, ehe ab dem 19. Jahrhundert die Baumwolle auf den Plan trat. »Das Verflechten der Kettfäden und des Schussfadens heißt Bindung. Das Öffnen der Kettfäden lässt das Weberschiffchen letztlich laufen. Durch Variieren der Anzahl, der Farben, der Dicke, der Bindungen und der Fasern erhält man viele verschiedene Stoffe. Bei dieser Tätigkeit musste man sich sehr konzentrieren. Das war diffizile, harte Arbeit«, sagt die Museumsmitarbeiterin, während sie auf einem Handwebstuhl mit der Mechanik von Jacquard aus dem Jahr 1804 die Tätigkeit demonstriert.

Ventron liegt zwischen Mulhouse und Épinal im Herzen der Vogesen. Das Textilmuseum am Ortsende von Ventron hat täglich (außer montags) von 10–12 Uhr und 14–18 Uhr geöffnet. Internet: www.musee.ventron.fr. ☎ 00 33 / 329 24 23 06. Eintrittspreise: Erwachsene 4,50 Euro, Kinder bis 16 Jahre 2 Euro, Kinder unter 10 Jahren gratis

45 Zeugnis einer bewegten Historie

*In Châtel-sur-Moselle befindet sich eine der größten Burg-
anlagen Europas*

Geradezu flink bewegen sich Jacques und Chantal Debry über das
weitläufige Burggelände. Auch die abschüssigen Stufen hinab in den
Untergrund bereiten dem Ehepaar keine Mühe. Dabei sind die beiden schon deutlich über 80 Jahre alt. Aber »ihre« Festung im lothringischen Châtel-sur-Moselle kennen die beiden Senioren aus dem
Effeff. Wenn man so will, sind die Debrys die Burgherren einer der
größten Festungsanlage Europas: fünf Hektar Gelände, 22 Türme,
eine 1,4 Kilometer lange Ringmauer, Galerien und unterirdische
Säle auf drei Stockwerken. Imposant demonstriert die Anlage die
Entwicklung des Festungsbaus vom 11. bis zum 16. Jahrhundert.
1671 wurde die Festung, die 1544 durch ein Tauschgeschäft in den
Besitz des Hauses Lothringen kam, geschleift und weite Teile der
Wehranlage zugeschüttet. 13 Tonnen Sprengstoff wurden dabei
verpulvert. Die Unterbauten wurden mit Erde verstopft, Fenster und
Türen zugemauert, Wälle verschüttet und ein grüner Hügel auf dem
Areal zu Ehren des Sonnenkönigs Ludwig XIV. errichtet. Anfang
der 70er Jahre des vergangenen Jahrhunderts kamen schließlich
Chantal und Jacques Debry ins Spiel. Eigentlich wollte Monsieur
Debry, seines Zeichens Textilunternehmer einer ortsansässigen Fa-
brik, Wohnungen für seine Mitarbeiter auf dem Areal realisieren.
Doch es dauerte nicht lange, dann waren er und seine Frau dem

Bereits über 80 Jahre alt, aber noch voller Enthusiasmus:
»Burgherr« Jacques Debry mit einem Modell der Festung.

Charme der riesigen Burganlage verfallen. Sie gründeten eine Initiative, um die Festung wieder freizulegen und das Bauwerk zu restaurieren. Seitdem kommen Jahr für Jahr Freiwillige aller Herren Länder in den Landstrich nördlich von Épinal, um die Festungsanlage zu bewahren sowie archäologische Studien zu betreiben. Schnell hat Jacques Debry Zahlen bei der Hand. »Seit fast 40 Jahren hatten wir gut 5200 Teilnehmer aus 57 Nationen hier. Ob aus Südkorea, den USA, Belgien, Frankreich, Holland oder Deutschland – das sind vorwiegend junge Menschen, die dieses historische Erbe konservieren wollen. Und

Kanonenkugeln sind im Inneren der Burg nördlich von Épinal gelagert.

sie tun das in aller Regel ehrenamtlich. Selbst die französische Armee hat hier schon mitgearbeitet«, sagt der rüstige Senior und Stolz schwingt in seiner Stimme mit. Mit der Burganlage fühlt sich das Ehepaar – sie stammt ursprünglich aus Paris, er ist in Nancy geboren und in Épinal aufgewachsen – eng verbunden. So eng, dass sie bereits seit 1972 ihre Schaffenskraft dem Wahrzeichen von Châtel-sur-Moselle widmen. »Neben unseren Kindern helfen bereits unsere Enkelkinder bei dem Projekt mit«, erklärt Chantal Debry, die als wandelndes Lexikon zur Geschichte der Anlage die ausgegrabenen Exponate und Artefakte im vis-à-vis gelegenen Museum erläutert. Ob Kanonenkugeln, Münzen, Vasen, Keramik oder Siegelzeichen – permanent fördern die Archäologen neue Fundstücke zu Tage. Seit dem Beginn der Projektarbeiten wurden rund 160 000 Tonnen Erdaushub bewegt. »Man könnte sagen, dass etwa 16-mal das Gewicht des Eiffelturms bewegt wurde«, meint der pensionierte Textilingenieur. Zudem ist die Burg, die während des 30-jährigen Krieges erfolgreich der französischen Invasion trotzte und im Laufe der Geschichte neunmal ihre Besitzer wechselte, auch ein Ausbildungs- und Arbeitsort für zahlreiche Gewerke. Steinmetze, Keramiker oder Restaurateure gehen dort ihrer Tätigkeit nach. Auch Kunstprojekte, Ausstellungen, Theateraufführungen oder Fotografen nutzen das spezielle Ambiente der Wehranlage an der Mosel. Auch ein Burgfestival zählt zur kulturellen Agenda. Wichtig ist den Debrys, dass Schüler aus dem Département Vogesen mit ihrer Historie vertraut gemacht werden. »Pro Jahr kommen ungefähr 150 Schulklassen zu uns. Wir bieten spezielle Heimatkundekurse für Jugendliche an, es gibt Besichtigungen und natürlich sind wir beim Tag des offenen Denkmals dabei. Es sollte doch selbstverständlich sein, dass die Jugend etwas über ihre Geschichte erfährt«, erläutert die sympathische Seniorin. Im ausgehenden Mittelalter hatte die Festungsanlage eine eminente strategische Bedeutung. »Hier war eine wichtige Kreuzung für drei römische Straßen. Die Burganlage bildete den äußersten Punkt der burgundischen Durchdringung in Lothringen. Sie ist ein wichtiges Zeugnis der bewegten Geschichte unserer Region«, betont Chantal Debry. Gebaut auf einer Anhöhe aus Kalkstein, direkt am Ufer der Mosel, überragte die Burg das Städtchen in den Vogesen. Die ursprüngliche Burg aus dem 11. Jahrhundert wurde zu Beginn des 13. Jahrhunderts um einen mächtigen Bergfried erweitert. Ein Netz von Galerien verband die Wehrbauten mit der Unterstadt. Seit 1072 war die Anlage im Besitz der Grafen von Vaudémont, einer Nebenlinie des Hauses Lothringen. 1200 kam sie unter die Lehensherrschaft der Grafen von Bar. Durch Heirat gelangte sie in den Besitz der Herren von Neufchâtel sowie unter burgundischen Einfluss, ehe das Haus Lothringen die Burganlage eintauschte. Mit ihrem Verein »Association du Vieux Châtel« erfahren die Debrys Unterstützung von privaten Sponsoren sowie vom Département. Doch vor allem das bürgerschaftliche Engagement vieler Menschen erfüllt die Initiative mit Leben. »Das ist ein durch und durch europäisches Projekt. Und dass vor allem so viele junge Menschen sich daran beteiligen, erfüllt uns mit Stolz«, meinen die beiden Senioren unisono.

Restaurateure aus aller Herren Länder helfen, die Burganlage in Lothringen zu bewahren.

Châtel-sur-Moselle liegt zwischen Épinal und Nancy unweit von Charmes an der N57. Die Association du Vieux Châtel befindet sich in der 6, rue des Capucins. Das Kastell, das dem Ort seinen Namen gibt, ist kaum zu übersehen. Gruppenführungen sind möglich. Mehr Infos über das gesamte Restaurierungsprojekt gibt es im Internet: www.chatel-medieval.fr.

46 Traditionelle Volkskunst aus dem Nordelsass

Drei Künstler suchen nach modernen Ausdrucksformen /
Maler Pascal Hausser

Gänzlich der elsässischen Volkskunst hat sich Pascal Hausser verschrieben. Der 52-Jährige aus Sessenheim erweckt alte Motive, die
im Alltagsleben im Elsass bis zur Mitte des vergangenen Jahrhunderts noch weit verbreitet waren, zu neuem Leben. Ob Milchkannen,
Bettwärmer, Bratpfannen oder Kohleeimer – der Maler illustriert sie
mit Motiven aus dem einstigen Dorfleben. Vorwiegend Tiermotive –
Störche, Gänse, Enten oder Hasen – finden sich auf den Gebrauchs-
gegenständen wieder. Natürlich auch typische elsässische Trachten
oder Mädchen mit dem Schlupf, die er mit feinem Pinselstrich auf
das Metall bringt. Beliebt sind auch seine Hochzeitskarten oder
seine Hinterglasmalerei. Beigebracht hat sich der Sessenheimer seine
Kunst selbst. Er ist lupenreiner Autodidakt, allerdings mit einem
kunsthistorischen Hintergrund. Die Eltern waren Antiquitäten-
händler und schon als Bub zeichnete Pascal Hausser elsässische
Blumenmotive von Wandschränken ab, die später restauriert wurden. »Ich habe einfach Freude an der Volkskunst. Das sind ja alles
Unikate. Hinzu kommt auch die Liebe zum Elsass«, erklärt Hausser,
wobei er eines gleich deutlich macht: »Ich sehe mich keineswegs
als Künstler, sondern vor allem als Handwerker. Mir ist es wichtig,
diese dörfliche Kunst in die heutige Zeit zu transportieren. Wenn

Pascal Hausser aus Sessenheim sieht sich mehr als Handwerker
denn als Künstler.

die Leute das Interesse daran verlieren, dann ist die Volkskunst tot. Deshalb ist es wichtig, sie auch modern zu gestalten. Man muss sich permanent erneuern.« Und in der Tat, die naive Hinterglasmalerei mit pointierten Szenen aus dem Dorfleben ziert zweifellos auch jede modern ausgestattete Behausung. Eine Spezialität des Elsässers sind auch illustrierte Ostereier, die er auf Handwerkermärkten und Straßenfesten im Nordelsass verkauft. Selbst in Paris ist seine Alltagskunst in einem Geschäft, das sich auf das Elsass spezialisiert hat, zu bekommen. Und natürlich hat er – schließlich steht Sessenheim für eine wichtige Episode in Goethes Leben – die Liebschaft des großen Dichters mit Pfarrerstochter Friederike Brion aus dem Ort als Motiv auf seinen Alltagsgegenständen festgehalten.

Sessenheim liegt östlich von Haguenau. Hausser verkauft seine Objekte jeweils samstags von 9–18 Uhr in seinem Atelier, 24, rue de Bujaleuf, Sessenheim. Mehr Infos auch im Internet unter www.artisanat-hausser.com.

In Sessenheim kann man auch das Geothe-Memorial besuchen. Es geht auf Goethes Liebschaft mit der Pfarrerstochter Friederike Brion aus Sessenheim im Jahre 1771 zurück.

Einige Kilometer weiter nördlich in Niederroedern steht das Geburtshaus der Pfarrerstochter Friederike Brion. Das Maison Brion steht vis-á-vis der Kirche an der Hauptstraße des von Fachwerkhäusern geprägten Ortes.

46a Steine bestimmen die spätere Form

Bildhauerin aus dem Nordelsass liebt klare Formen /
Sandstein aus den Vogesen oder Marmor aus dem Jura

Hübsch ist es zweifellos das Atelier von Colette Wendel'EHR in einem idyllischen Hinterhof in Altenstadt im Nordelsass. Die 42-Jährige ist Bildhauerin und äußerst talentiert. Vor gut 20 Jahren entdeckte sie das Handwerk bei einem Kreativurlaub in der Picardie für sich. Im Laufe der Zeit verfeinerte die Autodidaktin ihre Technik und bearbeitet vornehmlich Sandstein aus

den Vogesen, Kalkstein oder Marmor aus dem Jura.« »Mir liegt einfach das Haptische. Es ist faszinierend, wenn eine Figur aus dem Stein entsteht. Die Steine inspirieren mich. Sie bestimmen quasi, was später aus ihnen wird«, berichtet die Künstlerin. Ob abstrakt oder figürlich – die von Colette Wendel'EHR bearbeiteten Steine sind von nüchterner Klarheit. Ihre Werke zeugen von einer besonderen Beobachtungsgabe. Zurzeit steht die Thematik Wasser auf ihrer

Bei der Arbeit in ihrem Atelier in Altenstadt: Bildhauerin Colette Wendel'EHR. Sie liebt klare Formen und den Sandstein der Vogesen.

künstlerischen Agenda. Auch der weibliche Körper, in Stein gemeißelt, ist immer wieder in ihrem Atelier zu entdecken. Vor einiger Zeit schuf die Elsässerin gemeinsam mit Bildhauern aus der Südpfalz und Baden diverse Skulpturen. »Das war eine tolle Sache. Wir konnten viel voneinander lernen, eine prima Zusammenarbeit«, betont sie. Eine ihrer Installationen ist bereits jetzt im Ortsbild von Altenstadt bei Wissembourg zu sehen. Gemeinsam mit Schülern der örtlichen Lehranstalt entwarf sie einen überdimensionalen Hasen, der an exponierter Stelle im Dorf zu sehen ist. Die 42-Jährige entstammt im Übrigen einer kreativen Familie. »Bei uns gibt es Architekten, Designer und Fotografen. Vermutlich liegt mir der kreative Prozess im Blut«, mutmaßt die Bildhauerin aus Altenstadt.

Auch mit Kunsthandwerkern der PAMINA-Region arbeitet die Elsässerin immer wieder zusammen. Hier eines ihrer jüngsten Objekte.

Das Atelier befindet sich in Altenstadt bei Wissembourg, 1, rue du Raisin. ☎ 00 33 / 686 52 33 52. Mehr im Internet: www.colette-wendelehr.fr.

46b Künstlerische Ader und Faible für Holz

Thibaut Blaes kreiert Intarsien / Alte Holzkunst mit meist bäuerlichen Motiven

Einer viele Jahrhunderte alten Holzkunst hat sich Thibaut Blaes gewidmet. Der 29-Jährige aus Mothern fertigt Intarsien an. Dabei handelt es sich um eine Dekorationskunst, bei der auf einer planen Oberfläche verschiedenfarbige Hölzer so ineinander gelegt werden, dass ein Bild entsteht. Blaes benutzt bevorzugt Kirschholz, Nussbaum, Esche oder Wurzelholz. Als gelernter Tischler ist er vom Fach und hält so eine alte Handwerkskunst am Leben,

Alte Holzkunst aus dem Elsass: 50 bis 60 Stunden benötigt Thibaut Blaes, bis aus einer abstrakten Idee am Ende ein Bild entsteht.

die nur noch wenige beherrschen. »Es ist einfach schön, Kunst und Handwerk zu verbinden. Ich hatte schon immer eine künstlerische Ader und natürlich ein Faible für Holz. Man braucht viel Kraft und Geduld, um ein Bild zu fertigen«, erklärt der Mann aus dem Nordelsass. Rund 50 bis 60 Stunden benötigt er, um aufwendige Intarsien – bevorzugt Motive aus dem bäuerlichen Leben, Blumen, Tiere oder Landschaften – entstehen zu lassen. Am Ende des Prozesses wird das Ergebnis abgeschliffen und lackiert. Mittels eines Skalpells fertigt er die Holzkunst an, die im Elsass Mitte des 19. Jahrhunderts eine Renaissance erfuhr. Speziell auch bei Jugendstilmöbeln oder kunstvoll verziertem Mobiliar kommt sie zur Anwendung. »Es ist immer wieder interessant, wie aus einer Idee am Ende ein Bild mit einer bestimmten Maserung entsteht. Ich lasse mich von allem möglichen inspirieren«, sagt der Elsässer, der sich auch poppigen und extravaganten Motiven nicht verschließt. Seine künstlerischen Arbeiten sind immer wieder auf Ausstellungen zu sehen, beispielsweise im Bauernmuseum in Kutzenhausen unweit von Soultz-sous-Forêts oder auf Straßenfesten wie in Seltz im Nordelsass.

Kontakt: Thibaut Blaes, Mothern. ☎ 00 33 / 689 69 54 39 (spricht deutsch). .

47 Ein Kapitel blutiger Geschichte

Museum in Wœrth informiert über deutsch-französischen Krieg von 1870/71

Fast 20 000 Soldaten verloren bei der Schlacht von Wœrth-Frœsch-willer im deutsch-französischen Krieg 1870/71 ihr Leben. Preußen ebnete der Sieg auf den Schlachtfeldern des Elsass den Weg in die Vogesen. Dem strategisch wichtigen Erfolg Bismarcks folgten die Niederlage Frankreichs und der Verlust des Elsass und von Teilen Lothringens an das Deutsche Reich. Dieser bedeutenden Schlacht vom 6. August 1870 widmet sich das Museum im Schloss im elsässischen Wœrth. Der Konflikt wird minutiös anhand von Kar-

Hubert Walter, Vorsitzender des Vereins »Freunde des Museums«, kennt die Kriegshistorie genau.

ten und Dokumenten nachgezeichnet, als sich 88 000 preußische und 45 000 französische Soldaten unversöhnlich gegenüberstanden. Zahlreiche Devotionalien wie Musketen, Säbel, Abzeichen, Granaten, Tornister oder Uniformen sind dort ausgestellt. Primär geht es Hubert Walter, dem Vorsitzenden des Vereins »Freunde des Museums«, darum, den Schrecken des Krieges nachzuzeichnen und so die tragische Geschichte erlebbar zu machen. Denn: »Es ist unfassbar, wie sich hier Deutsche und Franzosen in einem brutalen Gemetzel gegenseitig die Schädel eingeschlagen haben. Es ist nun mal besser, sich freundschaftlich zu begegnen, wie sich mittlerweile herumgesprochen haben dürfte. Das sollten wir aus unserer gemeinsamen Historie nun wirklich gelernt haben«, meint der überzeugte Europäer schulterzuckend. Vor allem die Blutrünstigkeit der Zeichnungen und Gemälde erschreckt. Beispielsweise geriet die französische Kavallerie während der Schlacht in ein Flankenfeuer der gegnerischen Infanterie – von 1200 Reitern starben mehr als zwei Drittel. Unter anderem der durch Hopfenanpflanzung schwer begehbare Untergrund machte der französischen Kavallerie zu schaffen und führte zu erheblichen Verlusten. »Das war ja noch kein technologischer Krieg wie heute, wo man einfach einen Knopf drückt. Hier sind die Reihen mit aufgepflanzten Bajonetten wild aufeinander losgestürmt. Sie sahen sich in die Augen, während sie sich gegenseitig auslöschten. Schrecklicher geht es kaum«, berichtet der Straßburger die Grausamkeiten des Krieges von 1870/71. Besonders aufmerksam wird oft das nachgestellte Schlachtfeld mit rund 4000 Zinnsoldaten von den Besuchern beäugt, das einen Eindruck über die Formationen gibt, als Preußen und

Drastische Darstellung des Gemetzels anhand von Zinnsoldaten.

seine süddeutschen Verbündeten auf französische Truppen stießen. »Das ist eine Spezialanfertigung. Jeder Zinnsoldat wurde eigens dafür gegossen. Infanterie, Artillerie und Kavallerie befinden sich in einem Verhältnis von eins zu zehn.« Neben etlichen militärhistorischen Exponaten klärt ein Film (auch auf Deutsch) über den militärstrategischen Hintergrund der Schlacht von Wœrth auf. »Als das brutale Gemetzel endlich vorüber war, hatten die Einwohner von Wœrth und Frœschwiller die traurige Pflicht, die vielen Toten zu begraben. Sie hatten einiges zu tun«, so Hubert Walter lakonisch.

Zahlreiche militärhistorische Exponate wie Säbel und Brustpanzer informieren über die Schlacht vom 6. August 1870 im elsässischen Wœrth.

Wœrth liegt zwischen Niederbronn-les-Bains und Soultz-sous-Forêts im nördlichen Elsass an der D28. Adresse des Museums der Schlacht vom 6. August 1870: 2, rue du Moulin, Wœrth. Öffnungszeiten: vom 1. April bis 30. September jeweils mittwochs, donnerstags, samstags und sonntags von 14–18 Uhr. Eintritt: 3,55 Euro, ermäßigt: 2,75 Euro. Gruppenführungen möglich. Infos im Internet: www.cheminsdememoire.gouv. fr/fr/musee-de-la-bataille-du-6-aout-1870-woerth oder per ☎ 0033/ 880 93 021. Zugang zum Museum mit dem Aufzug möglich (barrierefrei).

48 Wenn der Hirsch röhrt

Tierpark Sainte-Croix widmet sich europäischer Fauna /
Luchs, Wolf oder Bär aus der Nähe

Geduld ist Trumpf beim
Gänsegeier.

Nur wenige Meter entfernt steht ein Hirsch mit seinem mächtigen Geweih – völlig stoisch mitten auf dem Weg. »Wir bleiben am besten ganz ruhig. Denn wir befinden uns ja in seinem Territorium, nicht er in unserem. Er wird auch wieder gehen«, sagt Fanny Heitz völlig unaufgeregt. Und in der Tat, einige Sekunden später trottet der »König der Wälder« auch schon wieder davon. Im Tierpark Sainte-Croix in Rhodes sind hautnahe Begegnungen mit der Tierwelt keine Seltenheit. Denn mit einem Zoo lässt sich der rund 130 Hektar große Tierpark keinesfalls vergleichen. Dichtmaschige Zäune sucht man hier vergebens. Stattdessen sind die Hürden, um Mensch und Tier zu trennen, in die Natur eingebettet. Sie fallen kaum ins Auge. Aber natürlich sind auch die Sicherheitsvorkehrungen in dem Tierreservat in Lothringen hoch – schließlich tummeln sich hier Braunbären, Luchse und Wölfe. »Die Tiere haben ein riesiges Rückzugsgebiet im Wald, natürlich sind auch die entsprechenden Arten voneinander getrennt«, teilt Fanny Heitz, die in der Presseabteilung des Parks arbeitet, mit. Rund 1500 Tiere kann der Besucher in halbfreier Wildbahn entdecken – so steht es im Prospekt, der für das Areal wirbt, das Jahr für Jahr mehr als 200 000 Menschen anzieht. Und so ist es in der Tat. Mehr wie ein Forscher oder Entdecker bewegt man sich zwischen den idyllisch gelegenen Wiesen, Seen und dem Waldgebiet – statt wie ein

Sehr beliebt bei den
Parkbesuchern:
der Luchs.

Zur Zeit der Aufnahme in der Brunft und auf Partnersuche:
der mächtige Rothirsch.

Tourist, der von Gehege zu Gehege eilt. In Sainte-Croix im Département Moselle geht es gemächlicher zu. Immer wieder sind Beobachtungspunkte in Form von Holzhütten aufgebaut, um in aller Ruhe, am besten mit einem Fernglas ausgerüstet, die faszinierende Tierwelt, die sich einem darbietet, zu beobachten. Denn wo kommt es schon vor, dass man einen Wolf beobachten kann, der etwas gelangweilt aus dem Unterholz hervorlinst, oder eine Gruppe Gänsegeier, die sich auf einem Gesteinsmassiv versammelt hat, um nach Aas Ausschau zu halten – und dies in nur wenigen Metern Abstand. Gegründet wurde der Park aus privater Initiative von Gérald Singer im Jahr 1980. »Die Idee war, den Menschen die europäische Tierwelt wieder näherzubringen. Viele Kinder kennen heute doch eher Elefanten oder Affen aus Afrika durch den Zoobesuch oder das Fernsehen als den Wolf oder den Luchs, der früher hier bei uns heimisch war. Deshalb sollte hier ein Reservat geschaffen werden, wo die Tiere in relativer Freiheit leben und vor allem die Kinder wieder mit ihnen vertraut gemacht werden können. Denn vor allem für Schulklassen war der Park zu Beginn konzipiert«, betont Fanny Heitz. 2011 starb der Gründer Gérald Singer mit 77 Jahren. Seine Söhne Laurent und Pierre Singer führen den Tierpark im Sinne des Vaters weiter, fügt die junge Frau, die ursprünglich aus Metz stammt, hinzu. Gerade der Pädagogik und dem Schutz der europäischen Fauna hat sich der Tierpark verschrieben. Es gibt beispielsweise einen Bauernhof mit 25 Haustierarten und einem Streichelzoo, eine Entdeckungs-

Drollige Zeitgenossen: Murmeltiere vor ihrem Bau.

tour in die Welt der unterirdisch lebenden Tiere oder etliche Workshops und Führungen zu Biodiversität. Zudem nimmt der Tierpark am europäischen Programm zum Schutz bedrohter Tierarten teil. Highlights für jung und alt sind naturgemäß auch die Fütterungen der Tiere. Hauptdarsteller gibt es in Sainte-Croix, westlich von Sarrebourg, etliche. Waschbären kann man in Augenschein nehmen ebenso wie europäische Bisons, Polarfüchse, Rentiere, Murmeltiere,

Pelikane oder Lemuren aus Madagaskar. Eindeutiger Star ist derzeit jedoch zweifelsohne der Hirsch. Der ist nämlich bis Mitte Oktober in der Brunft – wie man unverkennbar an seinem kehligen Röhren vernehmen kann, das immer wieder durch den Park tönt. Das Schauspiel der Herde ist faszinierend zu betrachten. Vor dem geschützten Beobachtungspunkt entfaltet sich ein weites Feld und man beobachtet, wie sich der Rothirsch immer wieder die eine oder andere Partnerin zur Paarung ausguckt – offensichtlich nicht immer ganz zu deren Freude. Denn sobald der maskuline Geweihträger seine Auserwählte fixiert hat, ist diejenige meist schon wieder auf dem Sprung und sucht das Weite. Ein Schauspiel, das sich in all seiner Dynamik in schöner Regelmäßigkeit wiederholt. Ein weiterer wichtiger Protagonist ist fraglos der Grauwolf, der etliche seiner Fans nach Lothringen zieht. Seit einiger Zeit kann man im Park nämlich in Baumhäusern oder Holzhäusern übernachten. Nur eine Glas-

scheibe trennt die Öko-Touristen vom Wolfsrudel. Eine Frau, die mit ihrem Mann eigens aus Marseille angereist kam, ist noch ganz aufgelöst von dem nächtlichen Erlebnis. »Die Wölfe haben geheult, es war atemberaubend. Wir konnten alles ganz genau hören und beobachten. Man fühlt sich wie mitten in der Wildnis. Ein unvergessliches Erlebnis«, meint die Frau, die sich auch mit dem Konterfei auf ihrem T-Shirt als Fan des Lupus outet und die Nacht wohl kein Auge zugetan hat. Es sind Begegnungen wie diese, welche die Menschen bewegen. Und wer im Herbst den Tierpark besucht, der sieht kaum Menschen, dafür umso mehr Tiere.

Der Tierpark Sainte-Croix (Rhodes) liegt so ziemlich in der Mitte zwischen Nancy und Strasbourg, westlich von Sarrebourg. Der Park hat von April bis Anfang November geöffnet (10–18 Uhr). Eintritt: Erwachsene 21,50 Euro, Kinder bis 11 Jahre 14,50 Euro, Kinder bis 3 Jahre sind frei. Mehr Infos im Internet: www.parcsaintecroix.com.

Eine Reise wert ist auch der Zoo von Amnéville nördlich von Metz. Hier sind 2000 Tiere aus fünf Kontinenten (u.a. Gorillas und weiße Tiger) zu sehen. Infos im Internet: www.zoo-amneville.com

49 Hommage an die letzten Herzöge

*Schloss Lunéville gilt als das lothringische Versailles /
Aufwendige Sanierung nach Feuersbrunst*

Die Arbeit wird Yves Ravailler so schnell nicht ausgehen. Der 59-Jäh-rige ist verantwortlich für den Wiederaufbau des Schlosses Lunéville vor den Toren von Nancy. Noch einige Jahre wird eine Armada von Kunsthandwerkern damit beschäftigt sein, das »lothringische Ver-sailles« wieder in seinen Urzustand zu versetzen. »Das wird schon noch einige Zeit dauern. Wir benötigen viel Geduld, um dieses Pro-jekt zu stemmen«, sagt der Direktor des Château de Lunéville nach-drücklich. Im Januar 2003 hatte eine verheerende Feuersbrunst den herzoglichen Flügel des Prachtbaus zerstört. Schlosskapelle, Emp-fangssaal und Dachstuhl fielen dem Feuer zum Opfer. Mehr als 200 Feuerwehrleute aus der gesamten Region versuchten zu retten, was zu retten war. Selbst Militär rückte an. Viel mehr als eindämmen konnten sie das Feuer nicht. »Der Wind war zu stark, sie konnten nicht viel machen. Erst in den frühen Morgenstunden hatten sie das Feuer unter Kontrolle«, erinnert sich Yves Ravailler zurück. Ein tech-nischer Defekt in den Nachmittagsstunden, der sich im Dachstuhl der Kapelle ereignete, hatte die Feuerwalze ausgelöst. Es ist nicht der erste Brand in der einstigen Sommerresidenz. Die Historiker zählen seit dem 18. Jahrhundert insgesamt zwölf schwere Brände. Einer davon hatte weit fatalere Folgen als der im Jahr 2003. Im Jahr 1766 erlag der frühere polnische König und letzte lothringische Herzog Stanislas seinen Brandwunden, die er in seinen Gemächern erlitt.

Prachtvoller Bau: der herzogliche Flügel fiel 2003 einem großen Feuer zum Opfer.

Zwischen 1703 und 1720 bereits ließ sein Vorgänger, Herzog Leopold, von seinen Baumeistern ein Meisterwerk der Architektur errichten. Er eiferte mit seinem Hofstaat dem berühmten Vorbild in Versailles nach. Zwei symmetrisch angelegte Flügel mit Arkadengängen, eine prachtvolle Gartenanlage mit geometrisch angelegten Beeten, geschmückt mit Brunnen, Schlossterrasse und Pavillons sowie ottomanischer Kunst, ließen das Château zum Wahrzeichen von Lothringen werden. Der historische Hintergrund der Bauwut des Herzogs lag darin begründet, dass im Jahr 1702 Truppen Ludwigs XIV. gegen seinen Willen in Nancy Einzug hielten. Daraufhin entschloss sich Leopold, seine Hauptstadt zu verlassen und sich samt seinem Gefolge im nahen Lunéville niederzulassen. So wurde aus dem einfachen Landsitz die Hauptresidenz des Herzogs, welche naturgemäß

Yves Ravailler ist mit der Sanierung des Bauwerks noch etliche Jahre beschäftigt.

Rückansicht: die sich permanent wandelnde Baustelle gilt als die umfangreichste an einem historischen Monument in Europa.

entsprechendes Renommee aufweisen sollte. Von seinem Baumeister Germain Boffrand ließ er sich bis 1720 eine standesgemäße Heimstätte kreieren. Mit der Ankunft von Herzog Stanislas 1737 begann eine weitere prunkvolle Ära und eine nochmalige Aufhübschung von Schloss und Parkanlage. Der prächtige Mittelbau aus Sandstein mit den beiden Flügeln und der Gartenanlage sollte schließlich den Geist der Aufklärung widerspiegeln. Mit dem Tode Stanislas' 1766 wurde der Hof letztlich aufgelöst und endgültig an Frankreich angegliedert. Doch zurück zur Baustelle: »Für uns ist die Restaurierung eine wirkliche Herausforderung und eine große Aufgabe zugleich«, betont Ravailler, während er durch die Baustelle im zerstörten Südflügel führt, wo sich an allen Ecken und Enden Steinmetze an dem Gemäuer zu schaffen machen. 2005 fing man mit der Restaurierung an. Finanziell gestützt wird das weit über 100 Millionen Euro schwere Sanierungsprogramm zu 60 Prozent vom französischen

Staat und zu 40 Prozent vom Département Meurthe-et-Moselle. Hinzu kommen private Spenden von Sponsoren und Unternehmen. In der Feuernacht hatte man im Übrigen gar Glück im Unglück. »Es wurden sehr, sehr viele Ausstellungsstücke unter den herabfallenden Decken begraben. Es konnten aber auch mehr als 160 Fayenceobjekte gerettet werden. Das war ein großes Glück. Die Menschen bildeten eine Kette und brachten Vasen, Porzellan und Steingut, so weit es ging, in Sicherheit«, berichtet der »Schlossherr«. Nach den ersten Maßnahmen zur Absicherung des Flügels wurde ein großes Gerüst rund um die Fassade errichtet, welches die provisorische Deckenvorrichtung stützt, die während des Wiederaufbaus das Dach ersetzt. »Das vorher leicht niedrigere Seitendach wurde dann bei den Arbeiten auf das Niveau des Mittelbaus angehoben«, betont Ravailler. Die einst vollständig ausgebrannte Kapelle wurde nach aufwendiger Sanierung bereits wieder offiziell eröffnet. Unter der Zerstörung des herzoglichen Flügels litt der gesamte historische Kern des in Hufeisenform gehaltenen Ensembles. Dennoch blieben trotz der Zerstörung des Dachstuhls die Hauptmauern stehen und ein großer Teil der ursprünglichen Verzierungen konnte letztlich gerettet werden. »Es war ein schreckliches Feuer. Aber wir sind optimistisch, dass wir den Wohntrakt wieder originalgetreu herstellen können«, sagt der Direktor entschlossen. Im Übrigen kann das Schloss nach wie vor besucht werden – trotz der Baustelle. Rund 120 000 Menschen machen davon jedes Jahr Gebrauch. Auch wenn etliche Skulpturen der Parkanlage nach dem Tod Stanislas' verkauft wurden, unter anderem an das Schloss Schwetzingen, sind die Gärten nach wie vor ein Kleinod. In der Restaurierung des »lothringischen Versailles« hat der 59-Jährige wohl seine Lebensaufgabe gefunden. »Es geht hier ja um ein wichtiges lothringisches Erbe. Es ist eine Hommage an die letzten Herzöge. Auch wenn die Aufgabe nicht ganz einfach ist, mit Tatkraft und Willen bekommen wir das hin«, meint der Mann aus Pont-à-Mousson mit Verve.

Das Schloss Lunéville, Château des Lumières, befindet sich vor den Toren Nancys, etwa 30 Kilometer östlich von der lothringischen Metropole entfernt. Das ganze Jahr über finden dort Kolloquien, Konzerte und Ausstellungen statt. Öffnungszeiten: täglich (außer Dienstag, jeweils 10–12 und 14–18 Uhr). Gruppenführungen auf Deutsch möglich. Zudem gibt es immer wieder aktuelle Sonderausstellungen. ☎ 00 33 / 3 83 76 31 51. Mehr Infos im Internet: www.chateaudeslumieres.com.

50 Elsässisch immer mehr auf dem Rückzug

Dialekt bei Jugend nicht mehr en vogue / Elsässischkurs
für Kinder / Zweisprachiger Zeitung sterben die Leser weg

»Vermutlich bin ich eine Art Dinosaurier«, sagt Emilienne Kauffmann
und muss herzhaft lachen. Die Frau aus dem Sundgau im südlichen
Elsass war lange Zeit Programmleiterin bei Radio France Bleu Alsace
und parliert problemlos auf Französisch, Deutsch und Elsässisch. Ihr
fällt auf, was sich im Alltagsleben längst bemerkbar macht. Die Elsässer verlernen immer mehr ihre Muttersprache. In vielen Dörfern
sprechen nur noch die Älteren den heimelig klingenden Dialekt, der
sich für ungeübte Ohren wie pfälzische Mundart durchtränkt mit
Romanismen anhört. Bei den Jungen ist er längst nicht mehr en
vogue. »Unsere Hörer, gerade bei den Reportagen, die wir auf elsässisch bringen, sind meist über sechzig Jahre alt. Das haben wir
auch an unseren Hörerzuschriften gemerkt. Für uns wurde es auch
immer schwerer, junge Autoren zu finden, die wirklich gut elsässisch
sprechen«, sagt Emilienne Kauffmann. Während andere Regional-
sprachen wie Bretonisch oder selbst das fast ausgestorbene Gälisch
in Irland eine Art Renaissance erleben, zeigen viele junge Franzosen
zwischen Strasbourg und Mulhouse dem Elsässisch die kalte Schulter. »Es liegt wohl daran, dass Französisch auch für unsere Ohren no-
bler und gebildeter klingt. Elsässisch ist die Werktagssprache, Fran-

Immer weniger junge Elsässer sprechen ihren Dialekt und sind in der Lage,
den deutschen Teil der zweisprachigen DNA aus Strasbourg zu lesen, der
inzwischen allerdings nur noch als Beilage im hinteren Teil erscheint.
Die ursprüngliche blaue Ausgabe wurde mittlerweile eingestellt.

zösisch die Sonntagssprache. Zudem verdrängt das Englische in den Schulen immer mehr das Deutsch, so dass man auch kein Gefühl mehr für die verwandte Sprache bekommt«, so die frühere Regionalchefin des Senders, der intensiv über den Landstrich berichtete, der in seiner wechselhaften Geschichte mal zu Deutschland, mal zu Frankreich gehört hatte. Dass das Elsässische immer weiter zurückgeht, diese Erfahrung machte auch Willy Bodenmuller, ehemaliger Chefredakteur der »Dernières Nouvelles d'Alsace« (DNA), der mehrere Jahrzehnte für die deutsch-französische Ausgabe zuständig war. Die auflagenstärkste Zeitung im Elsass bemerkt dies an ganz knallharten Fakten. Die Postille mit Hauptsitz in Strasbourg erscheint seit jeher auch in einer zweisprachigen Ausgabe – deutsch und französisch. Aber: »Uns sterben schlicht und ergreifend die Leser weg, die Elsässisch und damit auch naturgemäß die deutsche Schriftsprache beherrschen. In den vergangenen 35 Jahren hat unsere bilinguale Ausgabe immer mehr an Auflage verloren«, betont Bodenmuller. Zu Beginn der 70er Jahre hielten sich die rein französische Ausgabe und die zweisprachige Ausgabe (Sport und Kultur auf Französisch, Teile des Lokalen und Politik oftmals auf Deutsch) noch weitgehend die Waage. Das hatte sich im Laufe der Zeit jedoch fundamental verändert. Bis Ende 2011 erschienen nur noch rund zehn Prozent der Auflage von rund 190 000 Exemplaren bilingual. Im südlichen Elsass um Mulhouse erscheinen schon seit vielen Jahren gar keine zweisprachigen Exemplare mehr. Anfang 2012 fand dann nach einem Besitzerwechsel des Traditionsblattes und der Fusion mit der Zeitung »L'Alsace« ein Bruch mit der bisherigen Tradition statt. Anstatt wie seit jeher in der bilingualen Ausgabe die gesamte Zeitung hindurch auf Französisch und auf Deutsch zu berichten, erscheint dort jetzt nur noch eine tägliche Beilage auf Deutsch. Ansonsten ist die Zeitung künftig durchgängig französisch. Das blaue Logo auf der Titelseite der »bilingualen Zeitung« wurde abgeschafft. Was sich jetzt wenig dramatisch anhört, macht die Zeitung für deutschsprachige Leser künftig relativ uninteressant. Denn das Supplement besteht aus beliebig zusammengeschusterten Agenturmeldungen aus aller Welt. Mit dem Elsass haben diese Nachrichten nichts mehr zu tun. Deutschsprachige Lokalnachrichten sind nach rund 135 Jahren nun endgültig Vergangenheit. Offensichtlich sollten Ausgaben reduziert, Übersetzer eingespart und Druckkosten minimiert werden. Vorbei ist es mit dem manchmal etwas chaotischen, aber liebenswerten Miteinander von deutschen und französischen Artikeln innerhalb des Blattes. Einen gänzlich anderen Weg beschreitet die Pamina-Volkshochschule im nordelsässischen Wissembourg. Die VHS, die transnational auf beiden Seiten des Rheins agiert, bietet immer mal

Vor allem Kinder sollen wieder mehr Elsässisch lernen: die Pamina-VHS in Wissembourg bietet immer wieder Elsässischkurse für den Nachwuchs an.

wieder einen Elsässischkurs an – und zwar speziell für Kinder. Einer aktuellen Studie zufolge beherrschen nämlich nur noch etwas über fünf Prozent der Schulanfänger der Region ihren heimischen, alemannischen Dialekt. Dem will man mit dem Kurs für die Kleinen auf spielerische Art entgegenwirken. Auch auf diese Weise will man verhindern, dass die Regionalsprache der rund 1,7 Millionen Menschen zwischen Vogesen und Rhein sich heimlich, still und leise aus dem Alltagsleben zurückzieht. Dies haben im Übrigen auch die Région Alsace, der Conseil Général du Bas-Rhin und du Haut-Rhin sowie die Akademie Strasbourg zum Anlass genommen, eine auf mehrere Jahre angelegte Werbekampagne für den elsässischen Dialekt zu starten. Auf Plakaten an Tramstationen im gesamten Département oder in Werbespots im Fernsehen wird für die Regionalsprache geworben. Denn: »Wenn das Elsässisch noch weiter marginalisiert wird, wäre das ein immenser kultureller Verlust. Notwendig wäre es, die Regionalsprache in der Verfassung zu verankern,« erklärt François Schaffner, Vizepräsident der René-Schickele-Gesellschaft, die sich für die Bilingualität im Elsass stark macht.

Im Internet gibt es unter www.dna.fr die Onlineausgabe der Dernières Nouvelles D'Alsace. In der Rubrik »France/Monde« finden sich auch deutsche Nachrichten. René-Schickele-Gesellschaft Strasbourg, Internet: www.alsacezwei.voila.net.

Bildnachweis
Atout France: Titelbild u. S. 2/3
CIAV: S. 29 u. 30
Michael Dorwarth: S. 2, 79, 80
Pascal Hausser: S. 144
Parc animalier St. Croix: S. 150 unten
Antoine Robillard: S. 95 oben
Reiner Steinmetz: S. 111
Colette Wendelehr: S. 145 oben u. 146

Folgende Bilder sind lizenziert unter
der Creative Commons-»Namens-
nennung-Weitergabe unter gleichen
Bedingungen«-Lizenz, in den Ver-
sionen 1.0, 2.0, 2.5, 3.0: Peavey S. 82
unten; Hector Wong S. 68; Matthias
Barby S. 6; Symposiarch S. 114; T3
chris S. 12; Andrzej Burak S. 72

alle anderen Bilder: Volker Knopf

Karte
Ralf Paucke, Vaihingen / Enz

Layout und Herstellung
Andrea Faucheux, G. Braun Buch-
verlag, Karlsruhe

Druck
Bosch-Druck GmbH, Landshut

G. BRAUN

© 2., aktualisierte Auflage 2014
G. Braun Telefonbuchverlage
GmbH & Co. KG, Karlsruhe

ISBN 978-3-7650-8643-4